Franc-Nohain

La vie amoureuse

de

Jean de La Fontaine

Ernest Flammarion, éditeur

Collection « *Leurs amours* »

ANDRÉ ANTOINE
La vie amoureuse de François-Joseph Talma

LOUIS BARTHOU, *de l'Académie française*
La vie amoureuse de Richard Wagner

ANDRÉ BEAUNIER
La vie amoureuse de Julie de Lespinasse

LOUIS BERTRAND, *de l'Académie française*
La vie amoureuse de Louis XIV

ABEL BONNARD
La vie amoureuse d'Henri Beyle (Stendhal)

LUCIEN DESCAVES, *de l'Académie Goncourt*
La vie amoureuse de Marceline Desbordes-Valmore

MAURICE DONNAY, *de l'Académie française*
La vie amoureuse d'Alfred de Musset

CLAUDE FARRÈRE
Une aventure amoureuse de Monsieur de Tourville

RENÉ FAUCHOIS

La vie d'amour de Beethoven (2 volumes)

ALBERT FLAMENT

La vie amoureuse de Lady Hamilton

FRANC-NOHAIN

La vie amoureuse de Jean de La Fontaine

ROSEMONDE GÉRARD

La vie amoureuse de Madame de Genlis

MYRIAM HARRY

La vie amoureuse de Cléopâtre

GÉRARD D'HOUVILLE

La vie amoureuse de l'Impératrice Joséphine

DUC DE LA FORCE, *de l'Académie française*

La vie amoureuse de la Grande Mademoiselle
** Le plus beau parti de France*
*** Le mariage secret*

GEORGES LECOMTE, *de l'Académie française*

La vie amoureuse de Danton

MAURICE MAGRE

La vie amoureuse de Messaline

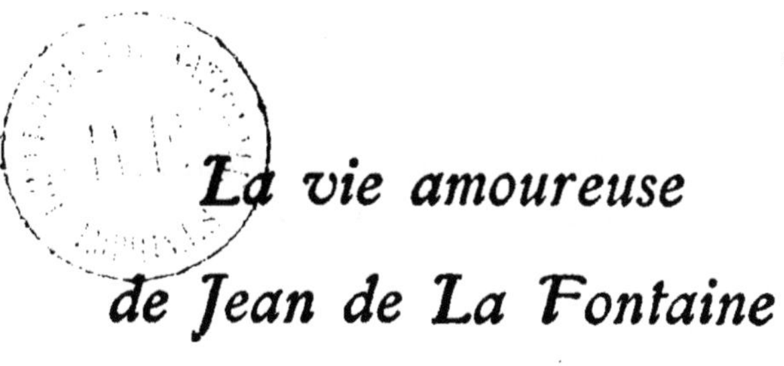

La vie amoureuse
de Jean de La Fontaine

*Il a été tiré de cet ouvrage :
cent exemplaires sur papier de Hollande,
numérotés de 1 à 100
et deux cents exemplaires
sur papier vergé pur fil Lafuma,
numérotés de 101 à 300.*

Collection " Leurs amours "

Franc-Nohain

La vie amoureuse

de

Jean de La Fontaine

Ernest Flammarion, éditeur

La vie amoureuse
de Jean de La Fontaine

I

LES BOTTES BLANCHES ET LA LANTERNE

Il y avait, en cet automne de 1642, à Château-Thierry, ou, comme on disait, à Chaûry, un jeune homme dont les bottes blanches révolutionnaient les habitants sur le pas de leurs portes, et les belles dames et les élégants.

Car ce n'était pas la mode ordinaire, même pour aller, le dimanche, entendre la grand'-messe à l'église de Saint-Crépin, même pour se montrer parmi les désœuvrés et les commères dans ce carrefour du Beau-Richard « où l'on se rassemblait pour causer », ce n'était point l'habitude, certes, de mettre ainsi des bottes blanches, qui ne se voyaient guère qu'avec le costume d'apparat et pour les présentations à la Cour.

Assurément ni le cordonnier de la Grande-Rue ou rue d'Angoulême ne vendait de semblables bottes, ni celui de la rue du Pont, ni celui de la rue du Marché, et l'on devinait aussitôt que leur fastueux propriétaire avait dû les rapporter de Paris.

A Paris, en effet, il étudiait le droit, de façon au demeurant assez irrégulière, et n'était autre que le fils du maître des eaux et capitaine des chasses, mais oui, qui habitait la grande maison à tourelles de la rue des Cordeliers, au pied du château, le fils de M° Charles de La Fontaine, son fils Jean.

Vous vous rappelez bien, ce petit Jean qui allait à l'école de Chaûry, où il était tenu pour un « bon garçon fort sage et fort modeste ».

Si sage et si modeste qu'on avait d'abord

songé pour lui à l'état ecclésiastique et qu'on l'avait envoyé comme novice chez les Oratoriens de la rue Saint-Honoré puis au séminaire de Saint-Magloire.

Mais la règle de l'Oratoire, la vie du séminaire et les études théologiques n'avaient pas tardé à rebuter toute sa modestie et toute sa sagesse. Au bout de dix-huit mois le jeune Jean abandonnait le petit collet pour les bottes blanches avec lesquelles, un beau jour d'octobre, on l'avait vu s'en revenir à Château-Thierry.

Mais qu'avait dit, de cette vocation si tôt et hâtivement interrompue, le maître des eaux et capitaine des chasses, M° Charles de La Fontaine, conseiller du roi ?

Bah ! sur les traces de l'aîné, son fils cadet, Claude, ne venait-il pas d'entrer à son tour à l'Oratoire, et qui, lui, ne songeait pas à en sortir ? C'était bien assez d'un abbé dans la famille. Son fils Jean lui succéderait dans ses charges.

Simplement conviendrait-il alors qu'à défaut d'études de théologie il entreprît ses études de droit ; non qu'un grade quelconque fût alors exigé pour la maîtrise des eaux et forêts, mais il était bon que ce grand garçon ne demeurât pas tout le jour inoccupé à traîner ses bottes blanches dans les rues de Chaûry ; et puis lorsqu'on est, comme Charles de La Fontaine, issu d'une lignée de marchands et tout fier d'avoir récemment accédé aux fonctions publiques, on n'est pas fâché de pouvoir conter aux autres marchands ses compères qu'on a son fils Jean qui prépare ses examens d'avocat.

Que de jeunes bourgeois, avant et depuis Jean de La Fontaine, à qui le prétexte d'étudier le droit aura ainsi ménagé d'agréables loisirs, tout en les parant d'un lustre flatteur, dans la petite ville provinciale où leur famille tient son rang !

Et, pour tous, l'emploi du temps sera le même, partagé entre les promenades, la lecture et les amourettes.

La lecture, nous savons de reste que l'étudiant de Chaûry fut un lecteur passionné, d'autant que, dans la maison de la rue des Cordeliers, la bibliothèque était abondante en ressources diverses, le maître des eaux étant lui-même grand amateur de poèmes et de romans. *L'Astrée* y voisinait avec les *Contes* de Boccace et Rabelais avec Marot.

Ne sait-on pas que Jean de La Fontaine eut cette fortune inouïe, lorsqu'il se mit à griffonner comme tant d'étudiants des vers en marge de ses cahiers de droit, d'avoir un père qui, loin de le détourner, comme la plupart des pères, de la carrière littéraire, au contraire l'y encouragea ?

Comment Jean n'eût-il pas volontiers accompagné dans ses tournées ce père si indulgent et si compréhensif ?

C'est une profession bien plaisante que celle de maître des eaux et capitaine des chasses, pour ce qu'elle nécessite d'abord les plus jolies promenades dans les bois qui avoisinent Chaûry, le bois Pierre où les La Fontaine avaient leur ferme de la Tuéterie, et tout au long de la délicieuse rivière de Marne.

Oui, Jean avait assurément plaisir à y accompagner Mᵉ Charles, et sans doute aussi y retournait-il seul non moins volontiers, à la recherche des beautés sylvestres et bocagères, héroïnes de ses lectures.

Mais elles n'étaient pas que dans les livres, les beautés sylvestres et bocagères dont rêvait notre étudiant en droit. Ce sont elles, plus que les beautés citadines, les belles dames de la société castelthéodoricienne, qui durent donner au jeune Jean ses premières leçons d'amour.

Quelque jolie fille aperçue un jour qu'il longe la Marne avec son père, pour la surveillance des braconniers :

Une jeune ingénue en ce lieu se vient rendre
Et goûter la fraîcheur sur ses bords toujours verts.
Son voile au gré des vents va flottant dans les airs ;
Sa parure est sans art ; elle a l'art de bergère,
Une beauté naïve, une taille légère...

Le lendemain il est revenu sans son père, le lendemain, le surlendemain. La jeune ingénue, comme par hasard, était encore là. Il l'a saluée, elle a rougi, on s'est parlé.

Comment refuserait-elle ses hommages? Un jeune homme si distingué, le propre fils du maître des eaux et capitaine des chasses !...

Et l'on s'est retrouvé, d'abord en ce même endroit, puis dans le bois proche :

Tantôt ils choisissaient l'épaisseur d'un ombrage ;
Là, sous des chênes vieux où leurs chiffres gravés
Se sont avec les troncs accrus et conservés,
Mollement étendus ils consumaient les heures...

Combien de fois la lune a leurs pas éclairés
Et, couvrant de ses rais l'émail d'une prairie,
Les a vus à l'envi fouler l'herbe fleurie !...

Car Jean peut sortir le soir, et rentrer à n'importe quelle heure de nuit : son père — il faut que jeunesse se passe ! — lui a donné la clé de la poterne. Et les habitants de Chaûry, passants attardés de la rue des Cordeliers, le croisent, une lanterne à la main, même les soirs de lune, et

toujours chaussé de ses bottes blanches, étrange
équipage pour ne se point faire remarquer lorsqu'il
court ainsi à ses galants rendez-vous campagnards
et va « fouler l'herbe fleurie ».

La jeune ingénue, d'ailleurs, n'a pas tardé à
lui rire au nez, depuis l'instant que, pressée contre
lui et sanglotant sur son épaule, elle lui murmu-
rait : — « Vous allez me mépriser ! », — et que le
benêt, prenant ses larmes pour argent comptant, se
défendit par des serments de grand et tendre respect et la consola, au lieu de lui donner séance
tenante le bon motif qu'elle eût souhaité d'être
méprisée...

Se rattrapa-t-il avec Amaryllis de sa décon-
venue avec Chloris ? Chloris, Amaryllis, des
pseudonymes évidemment...

Amaryllis devait être quelque voisine de campagne, et Jean la voyait, assise à sa fenêtre, ou
cueillant les fleurs de son jardin, quand il se
rendait au domaine paternel de la Fontaine-Re-
gnard.

Instruit par l'expérience de la jeune ingénue,
avec elle il s'est fait pressant ; oh ! la belle ne
s'est pas livrée sans défense : elle est mariée, son
mari est jaloux et ne la quitte guère...

Enfin ce mari incommode se décide à partir en
voyage ; c'est une occasion qu'il ne faut manquer
de saisir :

Venez sur le minuit, et qu'aucun ne vous voie.

Pour qu'aucun ne le voie, Jean n'en a pas
moins chaussé ses bottes blanches et pris son inséparable lanterne. Il est malgré tout assez ému
et pas seulement d'amour, car il songe aux fâ-
cheuses rencontres que peuvent toujours, en dépit
d'une lanterne, attirer semblables équipées, les
filous, les chiens...

Mais la dame prudente a attaché son chien à
la niche; et la voici, empressée et charmante, mais
dont il ne peut que reconnaître la voix à travers
la porte :

Venez demain, dit-on ; la clef s'est égarée...

Et Jean de s'en aller Gros-Jean comme devant, mais plein d'espoir pour ce demain qui le verra, à la même heure, avec sa lanterne et ses bottes blanches. Cette fois, il n'entendra même pas la voix d'Amaryllis ; elle a envoyé au-devant de lui sa servante :

« Monsieur est rentré plus tôt qu'on ne l'attendait !... Mais, monsieur, que faites-vous, monsieur Jean... Monsieur Jean !... Au moins éteignez la lanterne ! »...

Le dédommagement
Fut que le sort en sa place suppose
Une soubrette à mon commandement ;
Elle paya cette fois pour la dame.

Ainsi Jean de La Fontaine préludait à une vie amoureuse qui devait s'écouler presque entièrement à chanter l'amour avec les maîtresses, et à le satisfaire avec les servantes ; et déjà se disait-il que, dans les déduits d'amour, précisément « les délicats sont malheureux », et les servantes valent les maîtresses.

Pourtant il est bien vrai que la qualité de telles aventures n'était point pour qu'on s'en vantât, et Jean était à un âge où il n'est belle aventure amoureuse si elle ne peut être contée avec avantage à l'ami intime à qui l'on raconte tout.

Or l'ami intime de Jean de La Fontaine, son compagnon de toujours, son plus fidèle confident, François Maucroix vivait, lui, en ce moment, la plus merveilleuse histoire d'amour : à Reims, sa ville natale, entré dans la maison de M. de Joyeuse, lieutenant du Roi au gouvernement de Champagne, il s'est épris de la fille du lieutenant, Henriette-Charlotte, et Henriette-Charlotte, la noble et ravissante Henriette - Charlotte de Joyeuse, elle aussi, elle aime Maucroix ; mais des parents barbares les veulent séparer, s'opposent à ce qu'une Joyeuse devienne simplement et bourgeoisement Henriette-Charlotte Maucroix.

Ah ! le drame des rendez-vous clandestins, des caresses et des serments furtifs, le drame des amours contrariées avec une fille de quinze ans si noble et si belle, que voilà donc un roman flatteur à raconter à un ami intime et que l'ami intime fait piètre figure avec, pour tout échange, ses aventures et mésaventures campagnardes et ancillaires !...

Et cependant il n'est pas plus mal tourné que le séducteur Maucroix, ce Jean de La Fontaine, un gaillard robuste avec sa chevelure brune, un nez un peu fort et busqué, une large bouche gourmande, des yeux à la fois brillants et sombres, un air timide et entreprenant.

Il s'habille avec recherche et l'on ne peut sans étonnement et sans mélancolie songer que ce même élégant en bottes blanches deviendra le bonhomme crotté que l'on surprendra deux heures durant pataugeant dans la boue et sous la pluie au Cours-la-Reine, le vieillard négligent et malpropre à qui Mme d'Herwart est forcée de donner

un habit neuf qu'il endosse, sans même s'en aper-
cevoir, à la place de ses vêtements usés et ta-
chés.

Il a été au séminaire et n'y est pas resté, il
fait son droit, il fait des vers, il est le fils d'un
des notables de la ville : tout cela ne saurait laisser
indifférentes à son égard les dames de la société
castelthéodoricienne, et plus d'une sans doute, à
Chaûry, souffrirait volontiers qu'il s'occupât d'elle.

Mais encore conviendrait-il qu'il s'en occupât
avec plus de suite et d'adresse. Jean de La Fontaine intéresse les dames, mais il les inquiète, et
probablement aussi les déçoit : « Il est drôle ! »
doivent-elles dire ou quelque chose d'approchant
si l'expression d' « être drôle » n'était point fa-
milière, dans ce sens, aux dames de Chaûry ni
aux dames du XVIIe siècle...

Le pire est que, ne faisant rien pour ne pas
l'être, il se plaint d'être malheureux :

La sévère Diane, en l'espace d'un mois
Si je sais bien compter, m'a souri quatre fois ;

Nous ne savons les noms véritables de Diane, de Chloé, d'Amarante, de Doris, de Clarice, ni de Daphné : toutes femmes du monde, assurément, de la meilleure société de Chaûry, une Vitart, une Josse, ou une La Faye, Marie de La Barre, ou Geneviève Herbelin, qui le trouvaient si « drôle » lorsqu'il les regardait si « drôlement » en les croisant au carrefour du Beau-Richard ou lorsqu'il déclamait des vers de Malherbe chez Mme Rousselet, la lieutenante.

Car il y avait un lieutenant du roi à Château-Thierry tout comme à Reims et si celui-là ne s'appelait que Rousselet, qui est un moins beau nom que Joyeuse, s'il n'avait pas de fille dont Jean de La Fontaine se pût éprendre, comme d'Henriette-Charlotte de Joyeuse son ami Maucroix, M. Rousselet, lieutenant du Roi, avait une femme, et la femme de M. Rousselet, lieutenant du Roi, voulut bien témoigner quelque bonté au fils du maître des eaux et forêts.

Après l'avoir reçu dans son salon où l'avaient fait tout naturellement admettre son nom et les fonctions de son père, elle ne tarda pas à le recevoir plus intimement, et même dans sa chambre ; après lui avoir dit : « Vous êtes drôle ! » sans doute dut-elle lui dire bientôt : « Vous êtes fou ! »

Il faut savoir qu'à ce moment notre Jean soupirait pour une veuve dont le deuil rigoureux repoussait obstinément sa flamme :

> Elle a beaucoup de charmes,
> Mais pour une ombre vaine elle répand des larmes :
> Son cœur dans un tombeau fait vœu de s'enfermer
> Et capable d'amour ne me saurait aimer.

N'était-ce pas pitié de voir ce grand garçon adresser si mal ses hommages, perdre ainsi son temps et se consumer pour cette veuve inconsolable ? Et la lieutenante au cœur généreux entreprit de consoler, non pas la veuve, mais son soupirant.

Sans rien connaître expressément d'elle, nous nous la représentons aisément comme une belle femme, assez gaillarde et d'expérience, plus âgée sensiblement que le jeune Jean, et qui n'eut pas grand'peine à lui faire oublier sa veuve — à la lui faire oublier à ce point qu'ayant commencé par désigner cette veuve sous le nom de Clymène, le même nom de Clymène est celui qui lui viendra à l'esprit lorsqu'il voudra fixer le souvenir de son intrigue avec la lieutenante.

Une intrigue avec la propre femme du plus haut personnage de la ville, voilà qui était enfin digne de lui, de ses rêves et de ses lectures, digne d'être confié à François Maucroix ! Mais il ne s'agit plus de manquer l'occasion comme avec Chloris ou de se laisser jouer par Amaryllis. Il s'agit d'assurer sa conquête, et, au besoin, de mener les choses tambour battant.

Or, la dame ne paraît pas pressée de se rendre. Les menues privautés qu'elle lui accorde

ne sont que gages de son amitié, c'est son amie
qu'elle veut être et d'abord rien d'autre :

Oui, je vous veux aimer d'amitié malgré vous,
Mais si sensiblement que je n'aie, entre nous,
De là jusqu'à l'amour rien qu'un seul pas à faire.

Et quand on lui demande quand elle fera « ce
pas si nécessaire » — « Jamais ! » répond la
lieutenante Clymène. — Je ne veux que votre
amour !... — L'amour vaut moins que l'amitié ! — Parallèle entre l'amitié et l'amour, et
patati et patata...

Ainsi passent les heures, et la belle Mme Rousselet finit par congédier le pauvre Jean, une fois
de plus Gros-Jean comme devant à son habitude,
et qui enrage :

— Je me veux habiller, adieu, retirez-vous.

Alors, exaspéré, et avec la brusque et folle
audace des timides, Jean de La Fontaine a décidé
de s'introduire secrètement dans la chambre à

coucher de la lieutenante et d'y attendre, caché,
la nuit propice.

Le lieutenant est en voyage; les voyages d'un
personnage officiel, comme est le lieutenant du Roi,
ont tous leurs détails réglés d'avance, et ne mé-
nagent pas des retours imprévus et soudains comme
celui du mari d'Amaryllis.

Comme Amaryllis encore, Clymène a une servante et, par le même moyen galant ou par tout
autre, il saura bien obtenir sa complicité. Complicité indispensable, d'abord pour que la petite
chienne n'aboie pas (toujours ces maudits chiens,
comme chez Amaryllis), pour que la petite
chienne, donc, soit enlevée, à l'heure opportune,
de la chambre où elle a coutume de faire bonne et
bruyante garde auprès de sa maîtresse, et pour
que l'entreprenant garçon puisse tout à son aise
prendre ses dispositions de combat, installé par
les soins de la complaisante servante sous une
table près du lit, une table couverte d'un tapis
à housse.

Jean de La Fontaine a joliment conté, dans sa comédie de *Clymène*, comment les choses s'étaient passées, la lieutenante au lit, endormie, et Jean qui la réveille en posant un baiser sur son pied nu,

> Plus blanc de la moitié que le plus blanc ivoire...
> Elle s'est éveillée avec assez de peine,
> Et m'ayant entrevu, la belle et ses appas
> Se sont au même instant cachés au fond des draps.
> La honte l'a rendue un peu de temps muette ;
> Enfin sans se tourner ni quitter sa cachette,
> D'un ton fort sérieux et marquant son dépit :
> Je vous croyais plus sage, Acanthe, a-t-elle dit ;
> Cela ne me plaît point, sortez, et tout à l'heure.

Seulement ce que l'imprudent ne dit pas, c'est que, lorsque de sa cachette et sous son tapis de table, il l'avait entendue rentrer dans sa chambre, la lieutenante n'était pas seule, qui craignait les voleurs sans doute, et qui, son mari absent et sa chienne disparue, avait retenu une amie pour coucher auprès d'elle.

Et certes, Jean avait bien attendu que l'amie fût endormie pour s'approcher doucement, baiser le pied de la lieutenante, puis murmurer à voix basse : « Ne craignez rien, c'est La Fontaine ! »

Mais il faut croire que l'amie n'avait pas le sommeil aussi profond que voulurent se le persuader l'instant d'après Acanthe et Clymène, puisque l'histoire en vint par la suite aux oreilles de Tallemant des Réaux, qui l'a rapportée.

Et l'on peut également supposer que quelques oreilles castelthéodoriciennes en avaient recueilli les détails avant les oreilles de Tallemant des Réaux.

Le dernier informé ne fut pas le père de Jean de La Fontaine. C'était, nous l'avons dit, un homme indulgent, et qui comprenait les choses. Quand des officieux lui venaient conter que l'on avait rencontré son fils, à toute heure de nuit, qui se promenait en bottes blanches, une lanterne à la main, il se contentait de sourire et n'en soufflait mot. Toutes les fredaines, passe, mais le scandale possible, et, un scandale qui risquait d'atteindre le lieutenant du Roi dans la personne de sa femme...

M° Charles de La Fontaine était un père débonnaire et un sage, mais il était aussi maître des
eaux et forêts. Cependant il ne gronda point, ni
ne fit de grands discours, ni ne se mit en colère ;
simplement dit-il à son fils Jean :

— Mon fils, il est temps de vous marier !

II

UN NEZ AQUILIN

Au juste, le principal grief, ou du moins le plus précis que Jean de La Fontaine ait articulé contre Mlle de La Fontaine, sa femme, c'est qu'elle avait le nez aquilin, alors que lui, dont le nez s'affirmait important et pendait sans vergogne, avait un faible pour les nez retroussés. Vingt-quatre ans après son mariage, à cinquante ans, nous l'entendrons protester encore :

> Pour moi, le temps d'aimer est passé, je l'avoue...
>   Mais s'il arrive que mon cœur
> Retourne à l'avenir dans sa première erreur,
> Nez aquilins et longs n'en seront pas la cause.

Nez à part, elle était charmante, cette petite
Marie Héricart, âgée de moins de quinze ans
quand Jean l'épousa, bien élevée — elle a été
dans un pensionnat à Paris — cultivée, point
sotte, elle apportait trente mille livres dans le
ménage, dot fort honorable, était la fille du lieutenant criminel de la Ferté-Milon, c'est-à-dire un
parti très normalement indiqué pour le fils du
maître des eaux et forêts de Château-Thierry.

Etait-elle alors, ainsi qu'on l'a prétendu et ce
pourquoi on l'aurait si hâtivement mariée, amoureuse de son cousin Antoine Poignant, l'officier
de dragons avec qui La Fontaine devait avoir, par
la suite, le duel ridicule que l'on sait ? Amoureuse d'un cousin qui porte un bel uniforme, amoureuse à quatorze ans et demi, c'est assez dans
l'ordre et ça n'est pas grave.

Mais l'agrément de devenir une dame, d'avoir
un salon, ne pouvait manquer à lui faire oublier
bien vite une intrigue de pensionnaire.

Aussi bien pourquoi n'aimerait-elle pas son

mari? Il a vingt-six ans, élégant, bien tourné —
les dames de Chaûry en savent quelque chose —
il fait des vers, dont Marie Héricart raffole. Voilà
des époux parfaitement assortis : ces petits La
Fontaine, quel gentil ménage !

Dans la grande maison de la rue des Cordeliers, le salon de Mlle de La Fontaine sera tout
de suite des mieux fréquentés. Marie trouve
chez son beau-père une bibliothèque pleine de
romans et Mlle de La Fontaine adore les romans.
N'assure-t-on pas qu'elle-même avait commencé
d'en écrire? Son instruction avait été plus soignée
que celle de la plupart des jeunes personnes de sa
condition. On a conservé d'elle un autographe,
simple approbation d'un contrat passé entre son
mari et son beau-frère l'abbé :

« Je *soussinée* Marie Héricart, femme de Jean
de La Fontaine, avocat au Parlement... »

L'orthographe est évidemment défectueuse :
c'est l'époque qui voulait cela, mais l'écriture est
tout à fait distinguée...

Et l'on imagine qu'elle éprouvait tout de même quelque satisfaction à écrire sa qualité de femme et la qualité de son mari « avocat au Parlement » à la date où cette pièce est rédigée et où elle est âgée très exactement de seize ans et neuf mois...

Mais lui, Jean, l'avocat, comment s'accommode-t-il de sa jeune femme et du mariage? Car il n'est encore qu'avocat, — c'est seulement cinq ans plus tard qu'il deviendra maître triennal des eaux, — avocat au Parlement, titre purement honorifique, c'est-à-dire rien...

C'est une terrible chose, pour le bonheur et la tranquillité d'un ménage, qu'un mari complètement désœuvré. Que de temps pour observer les défauts de sa femme et s'en irriter !

Voici Jean de La Fontaine qui commence à trouver que Marie Héricart ne s'occupe pas assez de sa maison, des « soins du ménage » — à seize ans !... Sans doute est-ce aussi qu'elle s'occupe trop de lui. La Fontaine n'est pas l'homme du tête à tête. Il s'ennuie volontiers. Oui, elle est gen-

tille, cette petite, mais décidément un peu assom-
mante.

Et puis des prétentions littéraires : cette rage de
vouloir lui faire la lecture, ou lui raconter les
romans qu'elle a lus... « Ce n'est pas une bonne
qualité pour une femme d'être savante, et c'en
est une très mauvaise d'affecter de paraître telle. »

Ne s'avise-t-elle pas maintenant de le presser
d'écrire, d'exiger qu'il lui communique ce qu'il
a écrit, et de prétendre à collaborer avec lui, à
lui corriger certaines expressions, certaines tour-
nures de phrases pas assez nobles, trop champe-
noises...

Ah ! une femme qui ne parle pas, à qui surtout on ne soit pas obligé de parler ! Les bavar-
dages précieux de Mlle de la Fontaine font
regretter à son mari la servante d'Amaryllis. A
cause d'eux, il entrevoit déjà qu'une soubrette ou
une grisette, voilà la maîtresse idéale :

On lui dit ce qu'on veut, bien souvent rien du tout.

Cependant le traintrain conjugal continue cahin-caha. Un ménage comme tant d'autres, un salon de plus dans la société castelthéodoricienne : « Est-ce que vous allez ce soir chez les La Fontaine ? »

Même un petit garçon est né, que l'on a appelé Charles comme son grand-père. Mais La Fontaine, dont tous les enfants devront apprendre les fables, ne s'intéresse pas aux enfants : « Mon humeur n'est nullement de m'arrêter à ce petit peuple »...

Du moins peu après la naissance du petit garçon, qui porte son nom, le maître des eaux et forêts cède à son fils Jean une de ses charges. Les revenus de la maîtrise triennale vont améliorer un peu les ressources du jeune ménage qui vont à vau-l'eau. Jean de La Fontaine n'est pas un excellent homme d'affaires et Mlle de La Fontaine n'est pas très ordonnée.

Et surtout Jean s'est mis à chercher dans le jeu un remède à son ennui. Ce sont d'interminables parties de bassette, où il se montre un joueur entêté et déplorable — distrait comme on le connaît !... Il perd, il perd constamment, et de grosses sommes. Le bruit en est venu jusqu'à la Ferté-Milon chez les parents de sa femme. On parle de dettes, la famille Héricart demande la séparation de biens.

L'oncle Jannart qui est le personnage important de la famille, homme de confiance du surintendant Fouquet et son substitut, l'oncle Jannart écrit une lettre sévère à laquelle Jean réplique d'un ton assez embarrassé, et proteste qu'il n'y a rien de vrai dans ce qu'on lui a mandé « de l'emprunt et du jeu », même songe à s'abriter ici derrière sa femme : « Mlle de La Fontaine ne sait nullement bon gré à ce donneur de faux avis » ; tout cela, des potins de petite ville, ou plus exactement de La Ferté, car à Château-Thierry, « à peine en a-t-on parlé »...

Quoiqu'il veuille prétendre, les gens de Chaûry doivent commencer à jaser non moins que ceux de La Ferté-Milon et les langues vont leur train au carrefour du Beau-Richard : « Il paraît que, rue des Cordeliers, il s'en passe de belles ! »...

Il s'était passé ceci :

Une abbesse... L'histoire a été contée par Tallemant des Réaux, tout comme celle de la lieutenante, et, comme celle de la lieutenante, La Fontaine lui-même l'a reprise dans ses vers, simplement en l'arrangeant un peu.

Cette abbesse s'appelait Claude-Gabrielle Angélique de Coucy de Mailly, du monastère des Bénédictines de Sainte-Marie-de-Mouzon. Son abbaye se trouvant alors dans la « zone espagnole », c'est-à-dire dans la région que les Espagnols, maîtres de Rocroi, terrorisaient par de constantes incursions, Mme de Coucy s'était réfugiée à Château-Thierry et logée chez le maître des eaux et forêts. C'était une personne « un peu légère » :

Son cœur est soupçonné d'avoir plus d'un vainqueur...

En tout cas, on peut supposer qu'elle redoutait moins les incursions dans sa chambre que dans son abbaye. Jean de La Fontaine en fit une que Mlle de La Fontaine surprit et vint interrompre au bon moment :

> Nous nous trouvâmes seuls : la pudeur et la crainte
> De roses et de lis à l'envi l'avaient peinte.
> Je triomphai du lis et du cœur dès l'abord ;
> Le reste ne tenait qu'à quelque rose encor.
> Sur le point que j'allais surmonter cette honte,
> On me vint interrompre au plus beau de mon conte :
> Iris entre, et depuis je n'ai pu retrouver
> L'occasion d'un bien tout près de m'arriver.

Ce n'est pas que Mme de Coucy ne lui ait offert de « retrouver l'occasion » dans son abbaye où elle était retournée après l'incident, ce que La Fontaine refusa, assez penaud et de mauvaise grâce, sous prétexte que les chemins n'étaient pas sûrs pour arriver jusqu'à elle, tout infestés d'Espagnols, de « Rocroix, gens sans conscience » :

> Votre séjour sent un peu trop la poudre,
> Non la poudre à têtes friser
> Mais la poudre à têtes briser,
> Ce que je crains comme la foudre...

La vérité, c'est qu'il lui gardait malgré tout

rancune de cette sotte posture où il s'était trouvé à cause d'elle devant sa femme : — « Mon Dieu, que c'est donc bête de se laisser pincer comme ça ! »...

Quant à Mlle de La Fontaine, naturellement elle n'avait pas été contente ; non qu'elle se fît encore de grandes illusions sur l'attachement et la fidélité de son mari : il lui est entre autres revenu des échos de certain Carnaval de l'année précédente (1656) passé à Reims en compagnie de « gentilles Galoises » rencontrées chez Maucroix bien consolé de ses déboires amoureux avec Henriette-Charlotte de Joyeuse et qui, devenu chanoine de la cathédrale, comprend si étrangement son canonicat.

La Fontaine a pu trouver

Telle de nos Rémoises
Friande assez pour la bouche d'un roi...

A Reims, passe encore, mais ici, à Chaûry, et dans sa propre maison !...

Et Mlle de La Fontaine usera du genre de vengeance dont toute femme dispose à l'égard de tout mari : jalouse, elle se promet de rendre La Fontaine jaloux. Ce n'est pas commode, à en croire Tallemant des Réaux : — « On lui dit : Mais un tel cajole votre femme. — Ma foi, répond-il, qu'il fasse ce qu'il pourra, je ne m'en soucie point, il s'en lassera comme j'ai fait. » Ainsi prend-il déjà pour son compte la philosophie de la *Coupe Enchantée :*

> Pauvres gens, dites-moi qu'est-ce que cocuage ?
>   Quel tort vous fait-il, quel dommage ?
> Qu'est-ce enfin que ce mal dont tant de gens de bien
>   Se moquent avec juste cause ?
>   Quand on l'ignore, ce n'est rien.
>   Quand on le sait, c'est peu de chose.

Cependant, à défaut de lui-même, ses amis s'inquiètent, exigent que le « peu de chose » soit pris au sérieux. Cet « Un Tel » qui cajole sa femme, mais c'est le cousin Poignant, installé depuis peu à Château-Thierry. On ne voit que lui rue des Cordeliers. La petite Mlle de La Fontaine, jouant son jeu, s'affiche avec le bel officier de dragons de la façon la plus scandaleuse; ils sont la fable du Beau-Richard.

— Mon cher La Fontaine, insistent les amis, vous ne pouvez supporter cela, faites quelque chose !

— Quelque chose? Mais quoi?

— Giflez l'officier, provoquez-le !...

Et c'est la fameuse anecdote du fameux duel, La Fontaine allant chercher Poignant au saut du lit, avec deux épées, le forçant à croiser le fer au premier coin de rue ; puis, désarmé au premier battement, il considère que c'est assez de cette satisfaction accordée à l'opinion publique, embrasse son adversaire, et l'emmène déjeuner chez lui avec Mlle de La Fontaine...

N'empêche que le scandale de la femme et de l'officier de dragons après le scandale du mari et de l'abbesse, cela fait beaucoup de scandales pour une petite ville et pour un ménage de province.

La Fontaine en conviendra plus tard en toute simplicité : l'important, dans les relations conjugales, est d'abord de sauver la face ; s'il arrive que « quelque atteinte un peu forte » soit, par l'un ou l'autre conjoint, portée au « nœud de l'hymen », bref, si l'un ou l'autre ou peut-être les deux donnent un ou plusieurs coups de canif au contrat :

> Comportez-vous de manière et de sorte
> Que ce secret ne soit pas éventé :
> Gardez de faire aux égards banqueroute ;
> Mentir alors est digne de pardon.
> Je donne ici de beaux conseils, sans doute ;
> Les ai-je pris pour moi-même? Hélas! non!

Jean de La Fontaine et sa femme peuvent se rendre compte qu'ils ont eu tort de « faire aux égards banqueroute »; on bat froid au maître triennal des eaux et forêts, les dames de la société casteltéodoricienne désertent le salon de la rue des Cordeliers.

C'est évidemment le moment d'accepter l'invitation de l'oncle Jannart et d'aller, au moins pour un temps, chercher fortune à Paris.

Nous avons déjà entrevu cet oncle Jannart qui veille jalousement sur les intérêts de sa nièce. Jannart peut beaucoup sur l'esprit du surintendant Fouquet, et Fouquet peut tout pour un homme de lettres. Puisque le maître des eaux et forêts — et sa femme est la première à l'y pousser — veut faire de la littérature — il a déjà composé une traduction en vers de *l'Eunuque* de Térence, qui a obtenu un joli succès de lecture à Château-Thierry — Jannart présentera à Fouquet son neveu Jean de La Fontaine, qui lui montrera quelques vers de sa façon; et les gens de Chaûry ne songeront plus à rien reprocher à leur compatriote, ils l'accueilleront à nouveau avec empressement lui et sa femme, quand ils sauront qu'il est un écrivain à la mode, un poète pensionné par Fouquet...

Tel est sans doute le raisonnement que se sont tenu, un peu déconfits, les deux époux demeurés tête à tête; on s'est pardonné l'abbesse et l'officier de dragons, et on a écrit à l'oncle Jannart.

Tout s'est fort bien passé. Dans son hôtel du quai des Grands-Augustins, l'oncle Jannart a mis un appartement à la disposition de sa nièce ; il a emmené Jean chez le surintendant qui s'est montré des plus aimables pour le neveu de son substitut.

On se représente assez exactement Jean et Mlle de La Fontaine à cette époque, comme un petit ménage de province venu à la conquête de Paris.

Naturellement, sous prétexte de conquérir Paris, il est indispensable de voir beaucoup de monde, de se créer des relations ; Mlle de La Fontaine doit rester seule assez souvent le soir quai des Grands-Augustins. Jean explique : ce sont des confrères influents qui l'ont retenu; ou bien il n'a pas pu refuser de demeurer à dîner chez Colletet — vous savez bien Colletet, le grand poète...

Ce que Mlle de La Fontaine n'ignore pas non plus c'est que chez Colletet, le grand poète, il y a surtout Claudine Colletet, une fort jolie blonde que le grand poète, qui est surtout le vieux poète, avait eue comme servante avant d'en faire sa femme et dont Jean s'est brusquement amouraché.

Elle serait parfaite, la belle Claudine, et parfaitement au gré de La Fontaine, sans sa manie de composer des vers et de demander que l'on en compose pour elle : dans cette ancienne servante devenue bas-bleu, assurément ce n'est pas le bas-bleu qui a séduit notre Champenois mais la servante, et il ne supporte le premier qu'à cause de la seconde.

Alors on comprend sa fureur rétrospective, après la mort du vieux Colletet, lorsque se découvrira la supercherie des prétentions poétiques de Claudine et comment tous les vers qu'elle récitait comme étant d'elle étaient en réalité de son mari, qui avait trouvé flatteur et plaisant de la faire passer auprès de ses amis pour une femme auteur.

> Dès qu'il eut la bouche close,
> Sa femme ne dit plus rien :
> Elle enterra vers et prose

Par rancune contre les Muses contester la présence des Grâces chez Claudine, c'était manquer assez méchamment de reconnaissance et de mémoire.

Quant à Mlle de La Fontaine, elle lui en avait voulu beaucoup moins, à la belle Claudine, que ne fit ainsi son mari. Qu'importait celle-ci ou toute autre ? Le ménage en était maintenant à ce point que La Fontaine donne pour le point de perfection conjugale :

Mlle de La Fontaine était prête à souffrir toutes les sottises de son mari, à la condition qu'il obtînt cette renommée littéraire qu'elle l'avait emmené chercher à Paris et qui leur rendrait les bonnes grâces des gens de Chaûry. L'important était que les soins de la belle Claudine n'eussent point empêché La Fontaine d'achever ce poème d'*Adonis*, dont Fouquet avait accepté une superbe copie calligraphiée par Jarry, avec épître dédicatoire...

Après cela, les La Fontaine pourront rentrer tête haute à Château-Thierry, la faveur du Surintendant a effacé l'impression fâcheuse des scandales passés ; dans son salon de la rue des Cordeliers, Mlle de La Fontaine voit accourir à nouveau toute la belle société castelthéodoricienne :

— Votre mari a tant de talent, tant d'esprit !... Ah ! s'il voulait consentir à écrire une petite pièce que nous jouerions entre nous !... Vous savez que M. de La Haye dit fort bien les vers, que M. de La Barre et M. Le Formier se griment à ravir ?

Et ce seront les *Rieurs du Beau-Richard* par quoi s'affirmera définitivement la gloire locale du maître des eaux et forêts.

La Fontaine fera mieux : le pont de Château-
Thierry a failli être emporté par la dernière crue
de la Marne et aurait besoin de réparations ur-
gentes que le budget de la ville ne peut acquitter.
L'auteur d'*Adonis* s'offre à obtenir les crédits
nécessaires par l'entremise de « son ami » le surintendant; il n'en coûtera qu'une ballade :

Dans cet écrit, notre pauvre cité
Par moi, seigneur, humblement vous supplie...

Admirés, fêtés par le « Tout Chaûry », les
époux se sont officiellement réconciliés. Un docu-
ment nous renseigne sur les rapports qui se sont
établis ou rétablis entre La Fontaine et sa femme :
c'est la correspondance qu'il lui adresse lorsqu'il
accompagne l'oncle Jannart à Limoges, où le
substitut de Fouquet, partageant la disgrâce de son
maître, sera exilé par lettre de cachet après l'ar-
restation et la condamnation du surintendant.

Il est sensible que cette « Relation d'un voyage
de Paris en Limousin » n'est pas destinée à la

seule Mlle de La Fontaine et que les lettres, prose et vers, qui la composent devaient, à l'arrivée de chaque courrier, être lues à haute voix, dans le salon de la rue des Cordeliers, pour les délices d'un auditoire choisi.

Mais, à cause de cette publicité même, elles nous donnent le ton exact du ménage.

C'est un ton assurément fort libre, et qui montre des conjoints bien accoutumés, en effet, à « se souffrir leurs sottises ». Pas un instant il ne vient à l'esprit du mari qu'il pourrait inquiéter la jalousie de sa femme, soit qu'il lui parle d'une compagne de voyage, certaine comtesse poitevine chez qui il eût volontiers « trouvé matière à cajolerie » dit-il « si la beauté s'y fût rencontrée » — soit qu'il raconte qu'à Bellac « si Morphée lui eût amené la fille de l'hôte » chez lequel il était couché, — « jeune personne et assez jolie, — je pense bien, ajoute-t-il tout crûment, que je ne l'aurais pas renvoyée ; il ne le fit point et je m'en passai ».

Néanmoins il ne manque pas à réserver à

Mlle de La Fontaine elle-même quelques gentillesses et badinages galants :

« Voyez l'obligation que vous m'avez; il ne s'en faut pas un quart d'heure qu'il ne soit minuit, et nous devons nous lever demain avant le soleil... j'emploie cependant les heures qui me sont les plus précieuses à vous faire des relations, moi qui suis enfant du sommeil et de la paresse. Qu'on me parle après cela des maris qui se sont sacrifiés pour leurs femmes ! je prétends les surpasser tous... »

Et encore à la fin d'une lettre où il vient de décrire la ville de Richelieu : « Je remets la description du château à une autre fois, afin d'avoir plus souvent occasion de vous demander de vos nouvelles et pour ménager un amusement qui vous doit faire passer notre exil avec moins d'ennui... »

Voilà d'aimables égards et n'est-ce pas également à dire que Mlle de La Fontaine « s'ennuie » lorsque son mari est loin d'elle ?

En use-t-on ainsi entre époux complètement hostiles ou indifférents ?

Notez que cette correspondance est de l'année 1663 et qu'il y a par conséquent seize ans que les La Fontaine sont mariés. Quand des époux se sont supportés pendant seize ans et qu'au demeurant ils ont d'un commun accord relâché à ce point le lien conjugal qu'il ne saurait les gêner en rien ni l'un ni l'autre, quel besoin tout à coup de se refuser à continuer de garder les apparences, quel besoin de renoncer à faire figure de ménage correct et régulier, et de s'en aller avec éclat comme devait s'y décider un beau jour de l'année suivante Mlle de La Fontaine ?

L'inconstance de son mari? Mais il y a longtemps qu'elle savait à quoi s'en tenir, et en avait pris son parti.

Et comment choisit-elle le moment où La Fontaine commence de ressentir les premiers et agréables effets de la renommée littéraire, cette renommée qu'elle avait tant souhaitée, et pour laquelle elle avait tout supporté?

Mais justement, voici qu'elle constate que la

renommée du mari n'apportera aucun de ses avantages flatteurs à la femme. Cette jeune duchesse de Bouillon maintenant si entichée de La Fontaine, qui l'emmène avec elle à Paris, et lui a procuré une charge de gentilhomme au Luxembourg, chez Madame, la duchesse de Bouillon s'est-elle jamais préoccupée de Mlle de la Fontaine ? A-t-elle seulement songé à se la faire présenter ?

Eh bien ! son mari, son semblant de mari, qu'il reste à Paris, avec sa duchesse de Bouillon et toutes les autres. Ce n'est plus question d'amour, certes, mais d'amour-propre. Et c'est avec toute l'amertume de sa vanité déçue que Mlle de La Fontaine s'en retourne à Château-Thierry.

Il ne paraît guère que La Fontaine ait rien fait pour la retenir.

La chose curieuse et assez mélancolique est de penser qu'elle a alors trente-deux ans à peine, qu'elle a vécu jusqu'à soixante-dix-sept ans, et que cependant nous n'entendrons plus jamais parler d'elle.

Une seule fois son mari, sur les instances de quelques amis, avait consenti, peu après leur rupture, à aller lui rendre visite à Château-Thierry. Quand il se présenta, une servante, qui ne le connaissait pas, lui répondit que Mlle de La Fontaine était au salut. Et, sans insister davantage, La Fontaine rentre à Paris où il explique à ses amis : « J'ai été pour la voir mais je ne l'ai pas trouvée ; elle était au salut ! »

En trente ans, car il ne devait mourir qu'en 1695, il ne renouvela jamais sa tentative et l'on ne sache pas que, pas plus lui qu'elle, aient cherché à se revoir ; s'ils se saluaient, et tout juste, quand il leur arrivait de se croiser dans les rues de Château-Thierry, pendant trente ans semble-t-il bien qu'ils ne se soient plus jamais parlé. Et la seule allusion qui sera faite dorénavant à Mlle de La Fontaine est dans cette lettre de juin 1688 où, comparant La Fontaine à Ulysse l'abbé Vergier lui écrit :

Ce héros s'exposa mille fois au trépas ;
Pour chercher son épouse et revoir ses appas,
Il parcourut les mers presque d'un bout à l'autre :
    Quels périls ne courriez-vous pas
    Pour vous éloigner de la vôtre !

III

UN NEZ RETROUSSÉ

— Il paraît qu'il y a, dans ce trou de province, un maître des eaux et forêts qui compose des vers charmants !...

Nouvelle surprenante et qui remplira d'aise la petite duchesse de Bouillon obligée à aller s'enterrer à Château-Thierry durant que son mari va combattre les Turcs...

La perspective de passer de longs mois à Château-Thierry n'avait évidemment rien de bien réjouissant et folâtre pour cette Marie-Anne Mancini, accoutumée, dès son plus jeune âge, à vivre à la Cour et à y être fêtée comme l'étaient les nièces de son oncle Mazarin.

Mais on l'a mariée à Godefroy Maurice, duc de Bouillon, qui, ayant échangé sa principauté de Sedan contre le duché de Château-Thierry, a décidé que c'est là, à Château-Thierry, qu'il conviendrait que la duchesse attendît son retour de la guerre.

Et dame, les distractions à Château-Thierry...

Mais quoi, il y a, paraît-il, un poète ? Marie-Anne a toujours été férue de poésie; dès l'âge de huit ans, ne rimait-elle pas des épîtres en vers à l'adresse du cardinal?

> Je suis toujours la même Marianne
> Qui n'est pas un âne...

Ce n'est pas extraordinaire, — mais à huit ans !...

Vite donc ! qu'on aille lui chercher le poète local !...

Aussi bien le poète local, en sa qualité de

maître des eaux et forêts, de fonctionnaire par conséquent, d'officier du duc de Bouillon, doit une visite à la duchesse.

Et il la lui doit d'autant plus qu'il s'est déjà permis de se réclamer d'elle, de solliciter son entremise auprès du duc son mari, au sujet d'une obscure histoire de titre usurpé, certain acte notarié dans lequel La Fontaine s'était faussement attribué la qualité d'écuyer, sans y avoir droit, ce qui lui avait valu une condamnation à deux mille francs d'amende. Alors, pour obtenir remise de l'a-mende, notre poète a imaginé d'adresser une épître en vers au duc de Bouillon — tout comme jadis Marianne au cardinal — et comme le duc vient précisément de se marier, il a cru politique de glisser à la fin un compliment à la femme, pour être plus sûr de convaincre le mari :

> Si votre épouse était même d'humeur
> A dire encore un mot sur cette affaire,
> Comme elle sait persuader et plaire,
> Inspire un charme à tout ce qu'elle dit,
> Touche toujours le cœur quant et l'esprit...

Mais ce sont des choses que l'on écrit de confiance. Maintenant qu'il s'agit d'aller présenter
ses hommages à la duchesse, La Fontaine, en se
rendant de chez lui au château — il n'y a qu'à
traverser la rue des Cordeliers et à monter jusqu'à
la terrasse — le pauvre maître des eaux et forêts
n'est pas si rassuré que cela...

Et tout de suite, quel accueil et quel enchan-
tement ! Espiègle et vive, l'air décidé, telle
qu'elle apparaît sur l'estampe de Nicolas Bon-
nart, assise les jambes croisées dans la pose la plus
impertinente et prenant d'un geste autoritaire et
négligent le billet que lui apporte son domestique
enturbanné, des joues rondes de petite fille au-
dessus d'un décolleté généreux qui montre la naissance d'une gorge potelée à souhait, — le type
même de la brune piquante, et, ô merveille, un
nez retroussé, ou troussé, bref le contraire de
celui de Mlle de La Fontaine :

> Nez troussé? C'est un charme encor selon mon sens,
> C'en est même un des plus puissants.

Marianne n'a pas laissé le maître des eaux et forêts s'embarrasser dans des formules protocolaires :

— Monsieur de La Fontaine, vous avez envoyé de très jolis vers à mon mari; il faudra maintenant que vous en fassiez pour moi, et en attendant, qu'est-ce que c'est que ce *Savetier* dont m'a parlé votre ami M. de La Haye et que je brûle de connaître?...

M. de La Haye était prévôt du duc de Bouillon, à Château-Thierry, et c'est lui qui, dans les *Rieurs du Beau-Richard,* avait tenu le principal rôle. Nul doute que, pour distraire la duchesse, et la renseigner, comme elle le désirait, sur son ami La Fontaine, il ne lui eût signalé le plaisant conte « d'une chose arrivée à Château-Thierry » que La Fontaine avait écrit avant d'en tirer sa petite pièce, et que l'on devait se répéter entre habitués de la rue des Cordeliers :

> Un savetier que nous nommerons Blaise
> Prit belle femme, et fut très avisé...

— Monsieur de La Fontaine, vous viendrez me lire votre *Savetier*... et aussi votre *Joconde*, car il paraît que vous mettez en vers l'Arioste et Boccace : ces deux-là sont mes compatriotes, ne l'oubliez pas ! J'entends que vous reveniez me voir bientôt, monsieur le maître des eaux et forêts ; revenez demain avec le *Savetier* et *Joconde*...

Et La Fontaine était revenu le lendemain, et bien d'autres jours à la suite.

On a appelé la duchesse de Bouillon la Muse des Contes et il paraît certain que nombre de ses contes ont été composés par La Fontaine à l'intention de la duchesse de Bouillon. Quand on songe à leur extrême licence, à la crudité, non seulement des images qu'ils évoquent, mais des expressions, on ne laisse pas de se demander comment une jeune femme pouvait tolérer que de semblables lectures lui fussent faites tête-à-tête à haute voix, se plaire à ces lectures et les provoquer.

C'est peu de constater que nos arrière-grand'-

mères n'étaient pas bégueules, et vraiment cette
duchesse avait une étrange façon de se divertir,
qui se complaisait à entendre le maître des eaux
et forêts de son mari lui débiter de telles grave-
lures et de telles polissonneries...

Mais, encore une fois, cela ne paraissait alors
extraordinaire à personne. Rappelons-nous la
« plaisante galanterie » que Mazarin avait faite à
sa nièce quand elle avait sept ans et comment, en
lui rétrécissant ses habits de semaine à semaine,
on avait voulu persuader à l'enfant qu'elle était
enceinte, jusqu'au jour où l'on glissa entre ses
draps un petit bébé qu'elle trouva à son réveil à
côté d'elle :

« Toute la Cour vint se réjouir avec l'ac-
couchée qui finit par être fort contente; on la
pressa fort de nommer le père de l'enfant et elle
répondit d'un air mystérieux : — « Ce ne peut
être que le Roi ou le comte de Guiche, car il n'y
a qu'eux qui m'aient baisée. »

Cette « plaisante galanterie » donne le ton :

est-elle d'une invention beaucoup moins scabreuse, d'un goût beaucoup plus retenu que la moyenne des Contes ? Si l'on avait besoin de cela pour s'en amuser à la Cour, pensez d'autre part à quel point on devait s'ennuyer au château de Château-Thierry !

Ce charmant M. de La Fontaine avec ses Contes, quelle ressource précieuse et quelle bénédiction ! Marie-Anne ne peut plus se passer de lui. Ils sont voisins. La fenêtre de la chambre où le poète rêve ou travaille — pour un poète et surtout un poète comme lui, n'est-ce pas même chose ? — cette fenêtre, qui existe encore dans l'aile nord de la maison de la rue des Cordeliers, donne sur la terrasse du château. La duchesse n'a même pas besoin de l'envoyer chercher par quelqu'un de ses gens : elle n'a qu'à lui faire signe...

Oh ! il ne sera pas long à venir ! Pour lui aussi, quelle aubaine ! On le reçoit si gentiment !

Marie-Anne est arrivée à imposer son poète à toute sa famille. On ne tarit pas sur son talent et sa bonne grâce. Tous les Bouillon l'ont adopté pour leur conteur officiel. Quand la sœur du duc, Mauricette Fébronie de la Tour, qui vient d'épouser, à Château-Thierry même, Maximilien-Philippe-Jérôme, comte palatin du Rhin, s'en ira avec son mari en Bavière, ce ne sera pas sans avoir fait promettre à La Fontaine de la tenir au courant de tout ce qui se passe par quelqu'une de ces jolies épîtres en vers où il excelle :

> Votre Altesse Sérénissime
> A, dit-on, pour moi quelque estime,
> Et veut que je lui mande en vers
> Les affaires de l'univers...

Il n'y a pas jusqu'à l'oncle Turenne, le héros de la famille, qui n'ait un faible pour le poète, ne s'entretienne avec lui de bonne amitié.

Turenne est de cette race de vieux militaires frottés de littérature et qui ne dédaignent point de montrer que la vie des camps et le souci des batailles ne les ont pas empêchés de lire des vers et même d'en apprendre, dont ils font étalage assez volontiers à la première occasion : « Vous qui faites des vers, jeune homme, qu'est-ce que vous pensez de Marot ?... Ah ! Marot !... »

Et vous devinez si La Fontaine est heureux et s'il est à son affaire quand on lui parle de Marot !... Lui qui avait si peur de ne pas trouver de sujet de conversation avec un maréchal de France !...

> Qui n'aimerait un Mars plein de bonté ?
> En telles gens, ce n'est pas qualité
> Trop ordinaire. Ils savent déconfire,
> Brûler, raser, exterminer, détruire ;
> Mais que l'on m'en montre un qui sache Marot !
> Vous souvient-il, seigneur, que mot pour mot,
> Mes créanciers qui de dizains n'ont cure,
> Frère Lubin, et mainte autre écriture,
> Me fut par vous récitée en chemin ?
> Vous alliez lors rembarrer le Lorrain.

Mais aussi quel vide dans l'existence du pauvre maître des eaux et forêts, quelle tristesse et quel désarroi quand le château sera déserté par ces aimables hôtes, quand la duchesse aura regagné son hôtel à Paris !

C'est en vain qu'avant de partir, elle aura, avec la plus prévoyante et complaisante gentillesse, recommandé à son prévôt, M. de La Haye, d'avoir toutes sortes d'égards pour son poète et d'attentions délicates, bref qu'il « eût soin que M. de La Fontaine ne s'ennuyât point à Château-Thierry »; et là-dessus La Fontaine a beau protester :

> Peut-on s'ennuyer en ces lieux
> Honorés par les pas, éclairés par les yeux
> D'une aimable et vive princesse...

Simple artifice de rhétorique ! C'est que, justement, les yeux de l'aimable et vive princesse ne sont plus là pour l'éclairer et Chaûry est redevenu Chaûry, et combien sombre et mélancolique !...

Mais l'aimable et vive princesse n'abandonne pas son protégé. Ne le lui a-t-elle pas promis avant son départ : — Je vais m'occuper de vous, monsieur le maître des eaux et forêts !... C'est Paris qu'il faut pour un poète comme vous; ne vous

inquiétez de rien, on vous trouvera quelque chose
à Paris !

Et la duchesse de Bouillon finira, en effet, par
obtenir que Madame, duchesse douairière d'Orléans, appelle La Fontaine au Luxembourg, l'attache à sa maison comme gentilhomme servant.

Une situation assez modeste et précaire que
celle de gentilhomme servant : ils sont neuf, chez
Madame, qui se partagent 1800 livres...

Mais la charge, tout de même, est honorable,
pas trop absorbante et, par-dessus tout, c'est Paris, — Paris où, une première fois la disgrâce de
Fouquet ne lui avait pas permis de se maintenir,
Paris, rêve des poètes de province, Paris où, cette
fois, il espère bien trouver la gloire, et où il est
sûr, en tout cas, de retrouver la duchesse de
Bouillon...

Et La Fontaine arrive au Luxembourg, tout
frémissant de splendides projets; il veut se montrer digne de la confiance et des bienfaits de sa
protectrice, il veut qu'elle n'ait pas à rougir,

qu'elle puisse être fière, au contraire, de son poète de Chaûry !...

Des contes, d'abord, ces contes dont la duchesse s'était divertie, il en a un recueil tout prêt, et il mettra en tête, pour lui porter bonheur, ce conte de *Joconde*, le premier qu'il lui ait lu...

Il y a aussi un autre genre de contes, dont il n'a pas encore été beaucoup parlé, des contes avec des animaux, la plupart du temps, pour principaux personnages.

Qui lui a donné l'idée d'écrire ainsi des fables, est-ce, comme on l'a suggéré, une réimpression toute récente de la collection ésopique de Nevelet, et en même temps, ce que je croirais volontiers, le désir d'obtenir du Roi la pension que Fouquet n'est plus en mesure de lui verser : le Dauphin vient de naître et offrir un volume de fables morales au royal enfant (on ne saurait guère lui offrir un volume de contes) n'est-ce pas, ainsi que M. Louis Roche, un de ses biographes les plus clairvoyants, l'a fort bien indiqué, n'est-ce pas le meilleur chemin pour tenter la faveur du Roi ?

Mais surtout La Fontaine tient en réserve un ouvrage « dans lequel il a trouvé les plus grandes difficultés », mais qui, en raison de ces difficultés mêmes, est celui auquel il attache le plus grand prix, ces « Amours de Psyché et de Cupidon » où il est possible qu'il n'ait vu au début qu'un sujet de conte, mais autour duquel il a cristallisé peu à peu mille détails, mille observations, tout ce qu'il a appris ou imaginé de merveilleux et de badin, tout ce qui le portait « au galant et à la plaisanterie », et des méditations, et des confidences, où il a fini par se mettre lui-même, lui et ses meilleurs amis, — « quatre amis dont la connaissance avait commencé par le Parnasse » — quatre amis qui s'appelaient, avec La Fontaine, Boileau, Racine et Molière ou Chapelle, — un ouvrage qui est à la fois un roman et une confession, un hymne à l'amour :

Aimez, aimez, tout le reste n'est rien !...

et surtout un hymne à la volupté, qui est sa véritable façon de comprendre l'amour :

Et le plaisir des sens n'est-il de rien compté?

Oui, en écrivant *les Amours de Psyché et de Cupidon*, La Fontaine a eu l'impression qu'il écrivait vraiment *son* livre; et voilà pourquoi il était naturel qu'il n'en voulût faire l'hommage à d'autre personne qu'à celle qui l'avait révélé à lui-même, à la duchesse de Bouillon.

Il n'est pas certain, cependant, que la duchesse de Bouillon ait su autant de gré à La Fontaine, de la dédicace de *Psyché*, que d'un ouvrage plus directement encore inspiré par elle et à elle également dédié, le poème que, quelques années plus tard, et sur son ordre, l'auteur de *Psyché* devait écrire sur le *Quinquina*.

Comment tant de poètes, hélas ! réduits à célébrer en vers des produits pharmaceutiques, ne se sont-ils pas, du moins, réclamés de l'exemple de La Fontaine? Car c'est bien à une besogne de publicité, et pas autre chose, que la Muse de La Fontaine avait été ici conviée, et cela se voit de reste :

> Nulle liqueur au quina n'est contraire :
> L'onde insipide et la cervoise amère,
> Tout s'en imbibe ; il nous permet d'user
> D'une boisson en tisane apprêtée.
> Diverses gens l'ayant su déguiser,
> Leur intérêt en a fait un Protée.
> Même on pourrait ne le pas infuser,
> L'extrait suffit...

Pauvre La Fontaine ! Mais quand on est le poète d'une grande dame il convient d'avoir toujours la plume prête à satisfaire ses caprices les plus saugrenus :

> C'est pour vous obéir et non point pour mon choix
> Qu'à des sujets profonds j'occupe mon génie...

Des sujets profonds : « les étonnantes propriétés de l'écorce du Kin, seconde panacée »...

Il faut dire que la querelle du quinquina divisait et passionnait alors la Cour et la Ville. Le Roi

lui-même s'y était intéressé, et même pécuniai-
rement intéressé, puisque c'est lui qui, à la suite
de plusieurs cures merveilleuses opérées par le
« remède anglais » sur Colbert et d'autres seigneurs, s'était adressé à un Anglais, le chevalier
de Talbot, qui l'administrait, avait obtenu de lui,
moyennant deux mille louis d'or et une pension
annuelle de deux mille francs, « la manière de
préparer et de prendre le quinquina », et avait fait
acheter à Cadix et à Lisbonne, où on l'employait
couramment, une très grande quantité de ce spé-
cifique pour les hôpitaux de son royaume.

Néanmoins la Faculté demeurait rebelle et les
salons étaient partagés; on continuait de batailler
pour ou contre semblable façon de traiter la fièvre.

A corps perdu, comme elle faisait toutes choses,
la duchesse de Bouillon s'était jetée dans le camp
des défenseurs et des propagandistes du quinquina;
et soudain il lui est venu une idée magnifique ;
elle fait appeler son La Fontaine :

— Monsieur de La Fontaine, vous allez me

composer un beau poème sur les vertus du quinquina !

— Mais je n'y connais rien ! objecte timidement le poète.

— Cela n'a aucune importance. Vous êtes
l'ami de M⁰ François de Monginot, le fameux
médecin qui a précisément là-dessus écrit un savant livre. Si vous ne l'avez pas lu, ce livre, je
vous le prêterai. Vous n'avez qu'à mettre en vers
le livre de M⁰ de Monginot en y ajoutant quelques
badineries comme vous nous en contez si bien ; et
la badinerie fera passer le remède... Allons, c'est
dit, monsieur de La Fontaine, pour me faire plaisir ! Mettez-vous au travail et apportez-moi bien
vite un beau poème sur le Quinquina.

Pour lui faire plaisir !... Comment refuser ?
Certes, La Fontaine n'en est pas à un poème près,
fût-ce un poème en deux chants sur le Quinquina ou sur n'importe quoi, pour faire plaisir à
l'aimable et vive princesse !... Et ce n'est pas la
première fois que l'amour aura imposé des sot-

tises à un poète, dont les pires ne sont pas quelques mauvais vers.

L'amour? Jean de La Fontaine était-il donc amoureux de Marie-Anne, duchesse de Bouillon?

A la vérité, il n'oserait. Il n'a garde d'oublier qu'elle est la femme du seigneur de Château-Thierry dont il n'est, maître des eaux et forêts, que l'un des officiers très humbles. Quand il se permet de dédier à la duchesse ses *Amours de Psyché et de Cupidon,* il ne manque pas de mêler aux louanges qu'il lui adresse mille louanges à l'adresse du duc :

« — Heureux que Sa Majesté m'ait donné un maître qu'on ne saurait trop aimer !... j'ai cru que Votre Altesse serait bien aise que je la fisse entrer en société de louanges avec un époux qui vous est si cher. L'union vous rend vos avantages communs et en multiplie la gloire, pour ainsi dire. Pendant que vous écoutez avec transport le récit de ses belles actions il n'a pas moins de ravissement d'entendre ce que toute la France publie de la beauté de votre âme, de la vivacité de votre esprit, de votre humeur bienfaisante, de l'amitié que vous avez contractée avec les Grâces ; elle est telle qu'on ne croit pas que vous puissiez jamais vous séparer. »

Quand on se souvient de l'existence assez scandaleuse de la jolie Marie-Anne et comment son mari dut, à plusieurs reprises, l'envoyer faire retraite, soit au couvent de Montreuil pour la séparer de Louvigny, le frère de Guiche, soit à Nérac après la ténébreuse affaire des poisons où elle fut mêlée, soit à l'abbaye de Saint-Martin-de-Pontoise, on est moins convaincu du « ravissement » avec lequel le duc de Bouillon entendait « ce que toute la France publiait d'elle »... Mais cela, ne saurait empêcher La Fontaine de se montrer fort respectueux.

Cela n'empêche pas non plus la duchesse de se montrer « aimable et vive » avec La Fontaine. Le bonhomme l'amuse et, visiblement, elle s'amuse à le troubler. Cette façon qu'il a de la regarder...,

— oui, il est drôle », comme disaient les dames de Château-Thierry ; puis il n'est pas compromettant.

Elle le reçoit familièrement; quand Marie-Anne est à sa toilette et que se présente M. de La Fontaine, elle a beau avoir les pieds nus dans ses mules, et ses cheveux épandus sur les épaules : — Qu'il entre !... ordonne l'aimable et vive princesse.

Comment, en effet, s'il n'avait été admis à les admirer, comment La Fontaine pourrait-il parler non seulement du « nez troussé » de Marie-Anne, — cela tout le monde, sans même être de ses intimes, peut bien constater qu'elle a le nez troussé, — mais s'extasier sur « son pied blanc et mignon », sur « sa brune et longue tresse »...

Un pied blanc et mignon, — et Jean se souvient du pied de Clymène :

Le sort à mes regards a mis encore en proie
Les merveilles d'un pied, sans mentir, fait au tour :
Figurez-vous le pied de la mère d'Amour

Lorsqu'allant des Tritons attirer les œillades
Il dispute le prix avec ceux des Naïades...

Oui le pied blanc et mignon aussi, celui-là, de Clymène, c'est-à-dire de Mme Rousselet, la belle lieutenante, sur lequel il n'avait pu se tenir de poser des lèvres peu discrètes :

Le pied, par sa beauté qui m'était inconnue,
M'a fait aller à lui. Peut-être ce baiser
M'a paru moins commun, partant plus à priser ;
Peut-être par respect j'ai rendu cet hommage ;
Peut-être aussi j'ai cru que le même avantage
Ne reviendrait jamais, et qu'on ne baise pas
Un beau pied quand on veut...

— Eh ! bien, monsieur de La Fontaine, vous ne lisez plus, vous ne dites rien, vous rêvez ? Quel grand distrait vous faites !...

Distrait, que non pas ! Et fort attentif, au contraire, les yeux fixés sur le pied blanc et mignon de la duchesse qu'il compare dans sa mémoire avec celui de la lieutenante.

Spectacle ravissant, douce et précieuse intimité !

La Fontaine en conservera désormais toute sa vie l'exquis souvenir.

Bien des années auront passé, que le pied blanc et la brune tresse lui apparaîtront encore brusquement au milieu des lectures les plus sévères et entre deux pages de Descartes; ne sont-ce pas eux qui le feront protester contre cette théorie des philosophes qu'il n'y a point de couleurs au monde : « ce ne sont que de différents effets de la lumière sur de différentes superficies » !...

Alors quoi? Il n'était pas blanc, le pied mignon de la duchesse? Sa brune tresse n'était pas brune? « Il n'y a ni peau blanche, ni cheveux noirs, notre passion n'a pour fondement qu'un corps sans couleur. Et après cela je ferai des vers pour la principale beauté des femmes ! »

Comme les moindres détails de ses entrevues avec Marie-Anne lui sont demeurés présents ! Après vingt ans, il lui rappelle ce matin où « lui lisant des vers, il la trouva en même temps attentive à sa lecture et à trois querelles d'animaux : il est vrai qu'ils étaient sur le point de s'étrangler ! »

Hélas ! maintenant Marie-Anne est loin de Chaûry et de Paris même ; elle est à Londres où le « ravissement » de son mari l'a contrainte d'aller se fixer quelque temps auprès de sa sœur Hortense, duchesse de Mazarin, et de faire oublier en Angleterre « ce que toute la France publie de la beauté de son âme... »

Exil sans mélancolie au demeurant dans cette petite cour qui s'est formée autour de la belle Hortense, et dont Saint-Evremond nous a conté les fastes plaisantes et galantes. Tout ce que Londres compte de jolies femmes et de personnages de qualité se presse autour des deux sœurs et complète leur ménagerie. Car Hortense n'a pas moins que Marie-Anne le goût des bêtes et des gens d'esprit.

Marie-Anne qui a emmené de l'autre côté de l'eau ses chiens, ses chats, sa guenon, ses perruches, — ceux-là mêmes qui jadis furent sur le point de s'étrangler en sa présence, — bien volontiers aussi eût emmené son La Fontaine. Elle le lui avait proposé quand elle partit, elle le lui fera mander à nouveau par Saint-Evremond :

— « Si vous étiez aussi touché du mérite de madame de Bouillon que nous en sommes charmés, vous l'auriez accompagnée en Angleterre, où vous eussiez trouvé des dames qui vous connaissent autant par vos ouvrages que vous connaît madame de la Sablière par votre commerce et votre entretien. »

Et Saint-Evremond insiste sur le plaisir de ces dames d'Angleterre à voir La Fontaine, ce plaisir « qu'elles souhaitaient fort »...

La Fontaine n'ignore pas que « les Anglaises sont bonnes à voir », mais son humeur seule est vagabonde ; il aime mieux imaginer les voyages que les réaliser : ainsi, pensé-je, a-t-il souvent imaginé des baisers ardents sur le pied blanc et mignon, la longue et brune tresse, voire le nez troussé de Marie-Anne, sans les avoir effleurés jamais autrement qu'en imagination.

Quand il prétend qu'« autrefois que toutes saisons lui étaient bonnes, il se serait embarqué sans raisonner », il se vante.

Et devant même que de mériter, comme maintenant où il a des douleurs et soixante-six ans, d'être nommé, dit-il, le « chevalier du rhumatisme », il n'a jamais fait figure de « chevalier errant »...

Rien ne m'eût fait souffrir, et je crains toute chose ;
En ce point seulement je ressemble à l'Amour.

IV

LA COMÉDIENNE

Voilà donc La Fontaine au Luxembourg, gentilhomme servant de la douairière d'Orléans. Il ne s'y amuse pas beaucoup. Le jardin est beau, c'est entendu, mais ce n'est pas, sans doute, pour voir de beaux arbres et des parterres bien ordonnés que notre maître des eaux et forêts a quitté Château-Thierry.

La douairière d'Orléans ne montre ni pied mignon, ni brune tresse, et il n'est même pas question de se soucier si son nez est aquilin ou troussé. C'est une vieille dame, — à cinquante-cinq ans on est une vieille dame, du moins au regard des gens du XVIIe siècle, — en constante bisbille avec sa belle-fille qui habite l'autre moitié du palais.

Et à ce propos, quand, pour exaspérer sa voisine, Madame imagine de faire abattre toute une perspective de vieux arbres dans la partie du parc qui donne sous les fenêtres de Mademoiselle, êtes-vous sûrs que ce ne soit pas La Fontaine qui ait été chargé de cette vilaine besogne, en sa qualité, précisément, de maître des eaux et forêts?

Auprès de la revêche douairière, il y a bien encore une de ses filles qui n'est pas mariée, Mlle d'Alençon, mais celle-ci n'est pas jolie, elle est même légèrement contrefaite, — et l'on sait que, pour La Fontaine, c'est une question de principe : « sans la beauté, rien ne me tente ; c'est à mon avis le principal point : je vous défie de me faire trouver un grain de sel dans une personne à qui elle manque ».

Et il faut voir le mal que se donnera notre poète pour rimer un sonnet à la jeune fille qui avait

dû se plaindre : « Comment, monsieur de La Fontaine, vous appartenez à notre maison, vous faites
des vers, et ne m'en avez jamais adressé ! »

Le « sonnet pour S. A. R. Mademoiselle
d'Alençon », — *alarmes, larmes ; armes,
charmes,* — ce sonnet sent la commande, presque
autant que le poème sur le *Quinquina...*

Un jour, pourtant, arrivera dans ce palais mo-
rose un « nouvel objet » sur lequel « chacun
porte les yeux », un « ouvrage des cieux », une
éblouissante merveille :

Que de grâces, bons dieux ! tout rit au Luxembourg !

Telle est la radieuse Poussey. -
Mais ce n'est pas pour ce petit gentilhomme
servant que Mme de Poussey, la mère, maîtresse
femme comme il apparaît, a fait sortir sa fille du
couvent, où, sur les conseils de son oncle, le curé
de Saint-Sulpice, elle s'apprêtait à prendre le
voile. Mme de Poussey a justement pensé que,
jolie comme était sa fille, il y avait d'autres car-

rières plus brillantes pour elle et plus avantageuses pour toutes deux, que la monastique. Et cette femme de tête n'a pas perdu de temps ; elle a acheté la charge de dame d'atours de la douairière d'Orléans, et guette l'occasion de produire à la Cour la jeune beauté,

D'ailleurs, même si cette mère industrieuse et prévoyante ne montait pas bonne garde auprès de Mlle de Poussey, il y a au Luxembourg un terrible capucin qui n'entend pas que l'on plaisante avec la morale : c'est le capucin Batailler, présentement évêque de Bethléem et premier aumônier de la douairière qui ne jure que par lui.

La Fontaine le craint comme la peste, et cette crainte suffirait à le détourner d'engager la moindre intrigue à l'intérieur du palais, aussi bien avec la radieuse Poussey qu'avec toute autre demoiselle d'honneur ou compagne de Mlle d'Alençon, ces « trois ou quatre fillettes » qui, faute peut-être d'occupation plus galante, et pour faire leur cour à la vieille dame, dorlotent le petit chien que lui a donné sa fille aînée et tout l'hiver le tiennent placé

> Dans leur manchon aux peaux douillettes.

La libre et charmante épître « Pour Mignon », — c'était le nom tout simple du précieux petit chien, — nous renseigne précisément sur le genre de vie que l'on mène au Luxembourg et sur la façon dont La Fontaine trouve à s'accommoder de cette austérité :

> D'où vient donc que ton cœur soupire ?
> Que te faut-il ? Un peu d'amour.

Ainsi La Fontaine prêtait-il à Mignon ses propres doléances. A quoi Mignon de répliquer :

> — Cela vous est facile à dire
> Vous qui courez partout, beau sire ;
> Mais moi... — Parle bas, petit chien ;
> Si l'évêque de Bethléem
> Nous entendait, Dieu sait la vie...

Ce qui signifie assez clairement, semble-t-il, que, déjouant la surveillance du terrible capucin, l'incorrigible coureur que notre homme ne cessa d'être jusqu'à passé soixante-dix ans, s'arrangeait pour aller chercher ailleurs et un peu partout cet « amour » (en prenant le mot dans le sens que Mignon pouvait entendre) dont le palais du Luxembourg est si déplorablement dépourvu.

Et d'abord, il n'y couche pas, au Palais du Luxembourg, car « il craint le suisse » et les rapports indiscrets du portier à l'Evêque. Il ne faut pas oublier que, lorsqu'il a été nommé, sa femme l'avait accompagné à Paris, où tous deux ont eu recours à l'hospitalité de l'oncle Jannart, dans sa nouvelle résidence du quai des Orfèvres.

Et puis Mlle de La Fontaine, fort dépitée comme nous avons dit, s'en est retournée à Château-Thierry, et son mari, à qui, à la suite de ce départ, l'oncle devait faire assez grise mine, a fui les remontrances familiales, repris toute sa liberté, et s'est allé loger rue d'Enfer, à proximité du

Luxembourg; cette même rue d'Enfer qu'il a suffi plus tard d'un de ces calembours chers aux géographes pour la consacrer à la gloire de l'héroïque défenseur de Belfort.

Encore que, pas plus que, de nos jours, la rue Denfert-Rochereau, la rue d'Enfer, à l'époque de La Fontaine, ne soit une rue de garçonnières, située dans le quartier des couvents et non loin même de Saint-Magloire où il avait pensé devenir oratorien, le « beau sire » préfère certainement le modeste pied à terre qu'il y possède au riche hôtel de l'ancien substitut de Fouquet, et au palais de la douairière d'Orléans.

Quand il n'est pas de service au Luxembourg, service qui, partagé entre neuf gentilshommes, lui assure de nombreux loisirs, il goûte rue d'Enfer le plaisir d'être son maître, de n'y suivre que sa fantaisie, d'y rentrer ou d'en sortir à toute heure du jour et aussi de la nuit.

C'est le moment où il « court partout » en effet, et les salons, et les cabarets, et les coulisses. Les salons sont indispensables pour sa renommée littéraire, à laquelle le bonhomme n'est nullement indifférent :

Il sait, et l'exemple de la duchesse de Bouillon eût suffi à le lui montrer, ce que peut, pour un poète, l'influence d'une grande dame et d'une femme charmante. Auprès de ces grandes dames et de ces femmes charmantes qui s'appellent Mme de La Fayette ou Mme de Sévigné, Mme de Thianges ou Mme de La Sablière, il sera toujours fort empressé.

Mais il se garde de « leur faire la cour ». Cet homme qui a tant parlé d'amour, tant chanté l'amour, tant aimé l'amour, le voyons-nous jamais en posture d'amant?

De la vertueuse et inaccessible Sévigné, il ne saurait être question. Lorsqu'on écrit à une femme « d'un cœur sincère », comme il fait à Mme de La Fayette « en lui envoyant un petit billard » :

cet amour-là n'est évidemment qu'amitié, et voilà un aveu public dont M. de La Rochefoucauld lui-même n'a pu prendre ombrage. Pour Mme de Thianges il ne s'est jamais agi que d'utiliser au mieux les bonnes grâces, et non les grâces, de la sœur de la marquise de Montespan :

> Deux mots de votre bouche et belle et bien disante,
> Feront des merveilles pour moi ;
> Vous êtes bonne et bienfaisante ;
> Servez ma muse auprès du roi.

Quant à Mme de la Sablière, si cette « tourterelle », comme l'appelait Mme de Sévigné, fut une tourterelle fréquemment amoureuse, qui voudrait prétendre que La Fontaine ait jamais été amoureux d'elle, qu'il y ait eu jamais autre chose entre eux que commerce d'esprit, mutuelle et parfaite confiance ?

Personne ne songe à prêter ce vilain rôle au Bonhomme d'avoir vécu vingt ans aux crochets d'une maîtresse.

Que vingt ans durant, il ait accepté le vivre et
le couvert d'une femme riche, libre, jolie, et qui
est la maîtresse de beaucoup d'autres, sauf de lui,
cela suffit déjà à le faire assez sévèrement juger
des rigoristes, de ceux surtout qui oublient que les
règles de la morale, et les conditions de vie des
hommes de lettres au XVIIe siècle, n'étaient pas
précisément celles de maintenant ; et qu'il n'est
pas jusqu'au grand Corneille...

Le mari de Mme de La Sablière, Antoine Ram-
bouillet de La Sablière, riche financier, avait
connu La Fontaine au temps de sa jeunesse, alors
qu'il se piquait de fréquenter des poètes avec
Maucroix dont il était l'ami, et que lui-même ri-
mait des madrigaux. Quand La Fontaine vint tenter fortune et soigner sa gloire à Paris, le salon
de Mme de La Sablière, rue des Fossés-Mont-
martre, est un des premiers où il a dû se présenter.

Puis les infidélités du mari, ses liaisons tapa-
geuses, ont lassé la femme qui, elle aussi, a voulu

prendre avec le mariage les mêmes libertés. Ils se sont séparés et Mme de La Sablière est allée s'installer seule rue Neuve-des-Petits-Champs.

Ayant délibérément rompu avec l'existence régulière, la jolie séparée a entendu tirer le bénéfice de cette irrégularité, et, comme on ne l'a dit que beaucoup plus tard, mais comme on l'a certainement fait beaucoup plus tôt, elle a voulu « vivre sa vie », se conduire à sa guise, et, sans souci du monde, voir le gens qui lui plaisaient. Elle s'est entourée de cavaliers galants et d'artistes, elle est devenue la « tourterelle » dont parle Mme de Sévigné.

C'est vers cette époque qu'elle a rencontré quelque jour Jean de La Fontaine.

— On ne vous voit plus, monsieur de La Fontaine, que devenez-vous?

Et précisément La Fontaine ne devenait rien du tout, ou rien que d'assez incertain et mélancolique. La douairière d'Orléans venait de mourir et avec elle disparaissait cette charge de gentil-

homme servant qui lui avait permis de demeurer
à Paris. Allait-il donc être forcé de retourner à
Château-Thierry auprès de sa femme ?

— Je n'ai pas de gentilhomme servant, mon-
sieur de La Fontaine, lui dit Mme de La Sablière,
mais, rue Neuve-des-Petits-Champs, ma nou-
velle maison (vous ne la connaissez pas) est assez
grande, il y aura toujours une chambre pour vous;
faites-moi l'amitié d'accepter l'hospitalité chez
moi jusqu'à ce que vous ayez trouvé mieux.

Oui, c'est bien cela, La Fontaine s'est installé
chez Mme de la Sablière, en attendant ; et il a
attendu vingt ans, il a attendu, pour s'en aller, la
mort de Mme de La Sablière.

Il faut tenir compte de l'extrême indécision du
Bonhomme, de sa distraite nonchalance, de sa
« veulerie » comme on dirait aujourd'hui.

En attendant? En attendant quoi? Pourquoi
s'en aller, quand il se trouve si bien chez Mme de
La Sablière? Il y a ici les plus charmants com-
pagnons, des femmes ravissantes et pas bé-

gueules, un ton général de galanterie qui lui plaît plus que tout au monde, « toujours l'amour et des amants », comme se plaignait un censeur qui ajoutait : « les bêtes au moins ont une saison » ; à quoi répliquait Mme de La Sablière : « C'est que ce sont des bêtes... »

La Fontaine, lui, n'est pas si bête.

Il semble bien que ce qu'il a toujours recherché par-dessus tout, c'est moins l'amour, peut-être, que cette atmosphère d'amour qu'il respirait déjà autour de la duchesse de Bouillon, et dont l'absence totale lui rendait si pénible le séjour du Luxembourg. Il ne demande pas à être l'amant d'une femme, mais il lui serait insupportable qu'elle n'eût pas d'amant.

Et les femmes lui savent gré de sentir qu'« il les comprend », comme elles disent ; il est de cette race d'hommes que les femmes recherchent, non pour qu'ils leur fassent des déclarations, mais pour qu'elles leur fassent des confidences, bref non pour eux, mais pour elles.

Les amours de Mme de la Sablière avec le marquis de la Fare, voilà qui l'a rapprochée de La Fontaine bien plus peut-être que si elle l'avait aimé lui-même, et surtout de façon bien plus durable et sans nuages.

Quand le marquis commence de négliger pour le jeu et les filles sa maîtresse désolée, abandon qui, de ses bras, d'ailleurs, la rejettera violemment dans les bras de Dieu et finira par la conduire à une quasi claustration, croyez que La Fontaine est là pour se lamenter avec elle, et qu'il la plaint de tout son cœur.

Mais il est remarquable aussi qu'il ne s'en mêle pas. Et je vous prie de croire qu'il n'ira pas raconter à son amie ses rencontres avec La Fare aux soupers du grand prieur de Vendôme (La Fare est l'amant de Louison, une fille d'opéra, sœur de Fanchon, la maîtresse du grand Prieur) ou aux « diableries » (le mot est encore de Mme de Sévigné) chez les Champmeslé.

C'est Racine qui avait présenté son cousin La

Fontaine à la Champmeslé. Le temps n'est plus où c'est La Fontaine qui devait « mander force nouvelles de poésie et surtout des pièces de théâtre » à son jeune cousin (il l'était par sa femme) envoyé à Uzès pour y embrasser l'état ecclésiastique. La Fontaine l'a retrouvé à Paris et fort dégourdi, et c'est l'élève qui, maintenant, va donner des leçons au maître.

Comme il est séduisant, le cousin Racine, et comme il sait se faire aimer des femmes ! Cela émerveille toujours La Fontaine... En ce moment le jeune auteur a, comme il convient, sa principale interprète comme maîtresse :

— Mon cousin Jean de La Fontaine, il faudra que je vous emmène un soir rue Pavée...

Rue Pavée, c'est là que demeurent et reçoivent les époux Champmeslé. Car la Champmeslé n'a pas seulement un ou des amants, elle a un mari, un salon, une façade bourgeoise. N'avait-on pas prétendu qu'elle était la fille d'un président au tribunal de Normandie? Son père, Guillaume

Desmares, était receveur de domaines à Rouen,
ce qui n'est déjà pas si mal.

Et le sieur de Champmeslé, Charles Chevillet,
qu'elle connut dans une troupe de comédiens en
tournée à Orléans, et qu'elle épousa alors qu'elle
était déjà « veuve du sieur Pierre Fleury, vivant
bourgeois de Honfleur au bailliage de Caux près
Le Havre-de-Grâce », Charles Chevillet était fils
de défunt honorable homme Jean Chevillet, qui
possédait un atelier de découpage de draps de
soie dans la rue Saint-Honoré.

Des bourgeois, vous dis-je.

La Champmeslé était-elle jolie? Aucun portrait authentique ne permet de le constater ; et
Mme de Sévigné écrit que sa « belle-fille » — les
confidences de son fils Charles lui permettent de la
nommer ainsi — était « laide de près ». Mais
c'est ce que bien peu de femmes résistent au plaisir
d'affirmer de la beauté des actrices, qui ne seraient belles qu'aux chandelles.

En tout cas, et Mme de Sévigné en convient

elle-même, elle avait en scène un charme irrésistible. « Quand la Champmeslé paraît, on entend un murmure, tout le monde est ravi, et l'on pleure de désespoir ». Comme disait l'excellent Robinet dans sa *Gazette*, c'était une « parfaite enchantrice ».

La Fontaine ne fut certainement pas le dernier à se laisser enchanter ; le premier non plus, ni le seul. Cette atmosphère d'amour, qu'il respirait avec délices rue Neuve-des-Petits-Champs chez Mme de La Sablière, il va la retrouver plus enivrante encore et sans contrainte rue Pavée, chez la Champmeslé.

Racine est alors celui que l'actrice appelle « *mon* auteur » avec le même accent qu'elle dirait « *mon* amant », et l'on ne doute pas, en effet, que les deux ne se confondent. Mais personne, et Racine lui-même, non plus d'ailleurs que le sieur de Champmeslé, ne se fait illusion sur les droits réels que confère un tel pronom possessif singulier, ni sur le genre de fidélité qu'il implique.

Boileau n'a-t-il pas rimé là-dessus une impertinente épigramme :

> De six amants contents et non jaloux
> Qui tour à tour servaient Madame Claude,
> Le moins volage était Jean son époux...

Je vous passe la suite, et l'anecdote scabreuse... Six amants? Eh, ma foi, oui... et le chiffre ne paraît pas mis au hasard, simple pluriel poétique : Valincourt, Charles de Sévigné, le comte de Revel, La Fare, et Clermont-Tonnerre, cela fait bien, en comptant Racine, cela fait bien six, très exactement.

La Fontaine va-t-il s'inscrire, lui, septième?

Que la Champmeslé « accueille cœurs sur cœurs », voilà qui, en tout cas, ne peut que l'attirer et le retenir davantage auprès d'elle ; tous ces brillants seigneurs qui s'empressent, et se partagent les bonnes grâces de la comédienne — ah ! l'amour, l'amour !... — mais c'est délicieux, et il s'émerveille une fois de plus :

« Charmez-vous l'ennui, le malheur au jeu, toutes les autres disgrâces de M. de La Fare? et
M. de Tonnerre rapporte-t-il toujours au logis
quelque petit gain? Mandez-moi s'il n'a point entièrement oublié le plus fidèle de ses serviteurs et
si vous croyez qu'à mon retour il continuera de
m'honorer de ses niches et de ses brocards?... »

Evidemment on serait tenté de s'attrister un peu
à la pensée du poète servant de plastron aux
« niches » et aux « brocards » de ces jeunes fous :
pauvre Bonhomme ! Mais non, il se trouve parfaitement heureux ainsi, et cela lui plaît tout à fait
qu'un Tonnerre ou qu'un La Fare le mêlent à
leurs « diableries ».

Il n'a donc pas de dignité? C'est-à-dire qu'il
lui en semble de la dignité comme de la morale,
qui n'existent pour lui que dans la mesure où elles
ne contrarient pas son libre plaisir.

La dignité, c'était le Luxembourg, la dignité,
c'était la rue des Cordeliers, à Château-Thierry,
et, fonctionnaire digne et digne époux, d'y vivre

dignement avec Mlle de La Fontaine. La Fontaine
a opté pour le plaisir : Vivent la rue Pavée et le
ménage Champmeslé !

Se divertir aves les galants de la dame, et boire
et rimer des vaudevilles en compagnie du mari,
ce n'est pas sans doute une existence très digne,
mais quelle liberté et quel agrément ! La Fontaine n'en conçoit plus d'autre et s'ennuie terrible-
ment dès qu'une obligation le contraint de s'y
arracher un instant :

« Que vous aviez raison, mademoiselle, de dire
qu'ennui galoperait avec moi devant que j'aie
perdu de vue les clochers du grand village »...
— (Le « grand village» c'est Paris, déjà, — mon
beau Paris, — comme dans la chanson) — « Bois,
champs, ruisseaux et nymphes des prés, me tou-
chent plus guère, depuis qu'avez enchaîné le bonheur près de vous... »

D'ailleurs, non moins que près de la Champmeslé, le bonheur de La Fontaine est enchaîné
près du sieur de Champmeslé.

Comme il lui a été tout de suite sympathique, ce gros garçon jovial et malin ! Un ivrogne, un mari complaisant? Voire. C'est un homme qui comprend la vie, et qui la comprend de la même voluptueuse façon que La Fontaine, sans, plus que lui, s'embarrasser des complications de la morale ou du sentiment.

Et La Fontaine également lui sait gré d'avoir facilité la réalisation de l'un de ses rêves les plus chers, qui était, qui a toujours été, de faire du théâtre.

Le théâtre ne fut-il pas de tout temps le moyen le plus rapide et le plus sûr pour atteindre à cette renommée, dont notre fonctionnaire de province s'était montré justement avide, et aussi pour gagner l'argent dont il avait besoin?

Au nom de La Fontaine, on ne pense plus qu'aux Fables et aux Contes. Mais son œuvre de début, c'est une pièce de théâtre, une traduction de l'*Eunuque* de Térence; c'est avec une pièce de théâtre, *les Rieurs du Beau-Richard*, qu'il re-

cueille ses premiers applaudissements et conquiert
la faveur de ses compatriotes; et c'est encore une
pièce de théâtre qu'il écrivait dans les dernières
années de sa vie, cette comédie, dont nous igno-
rons jusqu'au titre, mais dont nous savons seulement que c'était une comédie, et que l'abbé
Pouget exigea qu'il la brûlât avant de consentir à
le confesser.

Et il faut bien croire que le théâtre était, en
effet, ce qui tenait le plus à cœur à La Fontaine,
puisque c'est à propos d'une pièce de théâtre que
nous le voyons, une seule fois, sortir de son caractère, se fâcher tout de bon, et écrire la seule satire
qu'il ait jamais composée, celle du *Florentin*.

On connaît l'histoire, et comment Lulli, à qui
l'on reprochait de ne prendre jamais comme libret-
tiste que le médiocre Quinault, pressé de s'adresser
à un vrai poète, avait fini par demander un livret
à La Fontaine ; joie de La Fontaine, — un livret,
un livret pour l'Académie de Musique, dont
Lulli est directeur, — devenir tout comme Qui-

nault un auteur à la mode, un auteur d'opéra !

Vite au travail, vite un sujet : ce sera l'amour d'Apollon pour Daphné, qui prête aux beaux décors et aux métamorphoses, puisque l'on y verra Vénus « dans une machine », Diane sur son char, Apollon sur un trône de lumière, Mercure monté sur Pégase, et Bacchus descendant de son berceau traîné par des tigres ! Mieux encore, à l'acte second, le théâtre représentera « la demeure d'un dieu du fleuve *avec de l'eau véritable* que l'on voit tomber et saillir de tous côtés... »

Ah ! Ah ! Quinault a-t-il jamais imaginé mieux et comment Lulli résisterait-il à de telles merveilles ? Comment ne serait-il pas séduit par tous les charmants couplets que La Fontaine écrit de verve, — les couplets avec ce refrain :

N'écoutez point les amants...

Et le duo de Philis et Daphnis — « Philis, jeune muse, Daphnis poète lyrique, entrent sur la scène accompagnés d'une musique de flûtes,

de hautbois et de musettes, et chantent ce dialogue
de pastorale » :

PHILIS

Les Zéphyrs sont de retour :
Flore avec eux se promène.

DAPHNIS

Savez-vous qui les ramène ?
C'est l'Amour.

PHILIS

De quoi parle en ce séjour
La savante Philomèle ?

DAPHNIS

Et de quoi parlerait-elle,
Que d'amour ?

ENSEMBLE

Faisons aussi notre cour
Au printemps vêtu de roses ;
Ayons, comme toutes choses,
De l'amour.

et le chœur final :

S'il n'était point d'amour, serait-il des chansons ?

Cependant Lulli ne partage pas ce bel enthou-
siasme du poète et s'applique à le refroidir,

> Soupçonneux, tremblant, incertain,
> Jamais assez sûr de son gain
> Quoi que l'on dise et que l'on fasse...

Il lui demande des changements, des remanie-
ments, fait mille objections, le rebute, le décou-
rage, et, en réalité, travaille sous main à un *Thésée*
dont Quinault lui a remis le livret, — ce Quinault décidément, on peut railler, il n'y a que lui
pour bâtir un opéra et écrire des vers qui sollicitent
la musique, et, de même que Meyerbeer aura besoin des vers de Scribe, Lulli ne saurait travailler
que sur les poèmes de Quinault...

Bref La Fontaine fut joué et sa *Daphné* ne le
fut pas. Humilié, furieux, notre auteur exprima
avec véhémence, dans la satire du *Florentin*, sa
déception et sa rancune.

Puis, comme il arrive en général de ces querelles de théâtre, les deux ennemis irréconciliables

n'ont pas tardé à se réconcilier; Lulli a oublié les injures de la satire et La Fontaine les déboires de son opéra; mais il n'oublie pas l'Opéra ni ne renonce à s'y faire jouer un jour et à y prendre quelque éclatante revanche.

Déjà il a entrepris un nouveau livret, une *Galatée*, mais expliquera-t-il « l'inconstance et l'inquiétude qui me sont si naturelles m'ont empêché d'achever les trois actes à quoi je voulais réduire ce sujet »...

La revanche de *Daphné* il lui faudra attendre d'avoir soixante-dix ans pour la prendre, ou penser la prendre. Cette fois, ce n'est plus Lulli qui cherche un livret, c'est le gendre et le disciple de Lulli, c'est Colasse ; et comme, à ce moment, l'abbé de Fénelon, précepteur du Dauphin, fait traduire en latin par son auguste élève les fables de La Fontaine, Colasse, en dépit de la fâcheuse expérience de son beau-père, ne demande pas mieux que de collaborer avec un poète si bien en cour. Son *Astrée* ne tarde pas à être prête :

<blockquote>

Amants, votre persévérance
  Du sort surmonte les rigueurs ;
Que l'Hymen et l'Amour, toujours d'intelligence,
Vous comblent à jamais de toutes leurs douceurs.

LE CHŒUR

Que l'Hymen et l'Amour, toujours d'intelligence,
Vous comblent à jamais de toutes leurs douceurs.

</blockquote>

Et voilà La Fontaine à soixante-dix ans, dans une allégresse et une fièvre extraordinaires : ses vœux sont enfin réalisés, *on le répète à l'Opéra !*...

En vain ses charmantes amies, Mmes d'Herwart, de Virville et de Gouvernet, l'invitent à les venir rejoindre à Bois-le-Vicomte, et Dieu sait s'il s'y plaît pourtant dans cette villégiature délicieuse de Bois-le-Vicomte...

Mais quoi ! et ses répétitions !... Et sa mise en scène !... Et les décors : « Au 3ᵉ acte, le théâtre représente la fontaine de la Vérité d'amour dans une forêt agréable » ; — ne faut-il pas qu'il soit là pour vérifier si la forêt est suffisamment agréable ? Et la machinerie : « Les esprits

aériens descendent sur un tourbillon de nuages »,
— il faut bien surveiller la mise au point du tourbillon !...

Non, décidément, il l'écrira à ses amies : « De
demeurer tranquille à Bois-le-Vicomte pendant
qu'on répétera à Paris mon opéra, c'est ce qu'il
ne faut espérer d'aucun auteur quelque sage qu'il
puisse être ! »...

Et il poursuit en vers, d'une plume frémis-
sante :

> Ah ! si le Dieu du Parnasse
> Avait inspiré Colasse
> Comme l'on dit qu'il l'a fait,
> La chose irait à souhait :
> Selon toutes les merveilles
> Qu'on en dit présentement,
> Les yeux n'auraient nullement
> A se moquer des oreilles.

Hélas ! le Dieu du Parnasse n'avait pas inspiré
Colasse; la représentation de l'*Astrée* fut un dé-
sastre, un échec complet, lamentable, et le malheureux poète s'en rendit si bien compte que l'on

a dit qu'il avait quitté la salle en murmurant :
« Ce La Fontaine est un stupide ! »

Mais vous supposez que ce coup va le dégoûter,
le décourager, le désespérer définitivement,
qu'après cela il renoncera à jamais et pour tout
de bon à l'art dramatique ?

Pas du tout. *Astrée* est tombée, c'est la faute
du musicien ; seul, on verra ce dont il est capable ;
et à soixante et onze ans, il se remet à l'œuvre,
commence une comédie nouvelle : son confesseur
la lui fera jeter au feu. Après le Dieu du Parnasse, Dieu lui-même s'opposait au dernier moment à ce qu'il triomphât au théâtre.

En sorte qu'il n'y eut qu'un homme qui crut
à sa vocation dramatique, ou qui feignit d'y
croire, et c'était le sieur de Champmeslé : comment La Fontaine, s'il est vrai qu'il ait aimé la
Champmeslé, n'eût-il pas adoré Champmeslé ?

Le premier soin de La Fontaine, quand le cousin Racine l'eut présenté à sa belle interprète,
avait été naturellement de faire ce que font tous

les poètes en pareille circonstance, de lui envoyer
des vers :

> De votre nom j'orne le frontispice
> Des premiers vers que ma Muse a polis...

Et l'actrice, pour ne pas demeurer en reste de
politesse, dit à notre poète ce qu'en pareille circonstance disent toutes les actrices : — Quand
écrirez-vous un beau rôle pour moi, monsieur de La
Fontaine ? Faites-moi vite une pièce !...

Et La Fontaine de commencer aussitôt un
Achille avec un beau rôle, le rôle de Briséis, pour
la Champmeslé. Il s'arrêta avant le troisième
acte...

On a prétendu que c'était son ami Maucroix qui
lui avait conseillé de ne pas pousser plus avant,
et il est exact que c'est dans les papiers de Maucroix que d'Olivet, son éditeur, retrouva le manuscrit inachevé d'*Achille*. Mais je croirais plus
volontiers que c'est le mari de l'actrice, que c'est
Champmeslé qui dut, à la première lecture, dé-

clarer à La Fontaine : « Laissez donc cela ! la
tragédie ça n'est pas votre affaire !... »

C'est que Champmeslé, qui lui est un homme
de théâtre, se rend bien compte de ses propres défauts, et que, s'il sait charpenter une pièce, il
manque de style ; or, ce La Fontaine tourne les
vers avec une rare facilité, un réel agrément. Mais
il ne s'agit pas de rimer des tragédies qui ne sont
dans le caractère ni de l'un ni de l'autre.

Des tragédies, on vient d'en représenter une
avec grand succès, c'est la *Cléopâtre* de Chapelle;
il faut en faire une parodie; justement Champmeslé a l'idée d'une pièce que l'on pourrait tirer
du « Roman Comique » de Scarron ; des comédiens ridicules y joueraient cette *Cléopâtre*, Ra-
gotin en Cléopâtre, interprétant un songe, le songe
de Cléopâtre :

J'ai songé cette nuit un songe épouvantable ;
En tombant mon miroir s'est cassé sur la table ;
Mon lacet s'est rompu, mon collier défilé,
Antoine étant venu chez moi s'en est allé...

On imagine aisément les deux compères tra-
vaillant joyeusement à ces folies en vidant force
pots.

Mis en confiance, voici Champmeslé qui tire
de ses cartons une autre pièce, le manuscrit du
Florentin, dont les trois actes ne le satisfont pas,
ne sont pas au point ; ces trois actes, La Fontaine
va les réduire en un seul qu'il récrit entièrement ;
quel esprit ! quelle grâce ! — et cette scène du
serrurier, cette « cage de fer à ressort » dans laquelle Harpagène pense enfermer l'amant de la
belle Hortense, Timante, et où il se trouvera
enfermé lui-même et pris à son propre piège, cela
n'a-t-il pas précisément toute la saveur et toute
la malice d'un conte de La Fontaine ?

J'ai dit que Champmeslé était homme de
théâtre et fort avisé ; comment n'eût-il pas com-
pris tout le parti qu'il y avait à tirer, pour le
théâtre, des contes de La Fontaine ? Et ce sera
par exemple le « Veau perdu » ou les « Amours
de la Campagne » (d'après les deux contes du

« Poirier » et du « Villageois qui cherche son veau ») ; ce sera surtout l'adorable *Coupe enchantée* dont La Fontaine, sous ce même titre, avait déjà fait un conte, tiré de l'Arioste, auquel Champmeslé lui conseilla d'ajouter quelques traits empruntés à un autre conte qu'il avait également imité de Boccace, les « Oies du Frère Philippe ».

Ingénieuse et plaisante fable de cet Anselme qui a voulu élever son fils à l'écart de toutes les femmes et le persuader qu'il n'en existe pas ; c'est qu'il croit toutes les femmes infidèles et, pour constater cette infidélité, possède une coupe dont le liquide se répand dès qu'un mari trompé en approche ses lèvres. Et vous savez aussi comment le sage Thibaut refusera de boire dans la coupe :

— « Non, morgué ! je ne boirai point. Et si le vin allait se répandre par hasard ? Testigué, voyez-vous, je suis maladroit de ma nature. Quand je saurais ça, en serais-je plus gras ? en aurais-je la jambe plus droite ? en dormirais-je plus que des deux yeux ? en mangerais-je autrement que par la bouche ?... »

— Bravo ! approuve Champmeslé qui écrit sous la dictée de la Fontaine. A ce moment dans la chambre voisine, on entend des rires, des soupirs, les échos de quelque « diablerie » galante ; c'est l'actrice avec Tonnerre, ou avec La Fare, ou avec les deux, et qui ne se gênent guère. Champmeslé a posé sa plume ; il regarde La Fontaine, qui regarde au plafond, — puis relisant ce qu'il vient d'écrire : — « Quand je saurais ça, en serais-je plus gras ?... » — « Non pargué ! recommence à dicter vivement La Fontaine, non, pargué ! C'est pourquoi, frère, je suis votre serviteur, je ne boirai point. »

Est-ce à dire que si Champmeslé avait bu, la « coupe enchantée » lui eût révélé que La Fontaine était pour une part dans ses disgrâces conjugales ? On l'a prétendu et que la Champmeslé, aussi bonne fille que son mari était bon garçon, et qui ne comprenait pas que l'on attachât à la chose

autant d'importance, n'avait pas voulu que La
Fontaine en fût pour des vœux purement poétiques :

> Vous auriez eu mon âme tout entière
> Si de mes vœux j'eusse plus présumé :
> Mais en aimant, qui ne veut être aimé ?
> Par des transports n'espérant pas vous plaire,
> Je me suis dit seulement votre ami,
> De ceux qui sont amants plus qu'à demi :
> Et plût au sort que j'eusse pu mieux faire !

A supposer que Furetière ait dit vrai, qui affirme
en termes exprès que La Fontaine ne laissa pas,
en effet, que d'être mis en posture de « mieux
faire » par la Champmeslé, il est clair que ce
n'est pas ça qui aurait empêché Champmeslé et
La Fontaine de collaborer.

V

L'INGÉNUE

Amoureux vraiment, amoureux à en perdre l'esprit, La Fontaine ne nous l'apparaîtra guère qu'à soixante-sept ans et d'une fille de quinze. Mais avant d'en venir à ce « coup de foudre » du vieillard pour Mlle de Beaulieu, il faut dire comment La Fontaine était devenu un des familiers des d'Herwart chez qui il la devait rencontrer.

Depuis qu'abandonnée par La Fare pour la Champmeslé et pour la bassette, Mme de La Sablière s'est de plus en plus tournée vers la bienfaisance et la religion, faisant même aux Incurables des séjours de plus en plus longs qui lui permettent de se guérir « d'un mal que l'on crut incurable pendant quelque temps et dont la guérison réjouit plus que nulle autre, » — Mme de Sévigné écrira qu'« elle se trouve si bien aux Incurables qu'elle y passe quasi toute sa vie, sentant avec plaisir que son mal n'était pas comme celui des malades qu'elle sert » — le salon de la rue Neuve-des-Petits-Champs est bien déserté et La Fontaine est fort en peine de cette atmosphère de vie brillante et facile, de gaîté et d'amour, que nous avons montré qu'il recherchait avant tout et qui est pour lui « chose si nécessaire »...

Sur ces entrefaites, le fils de son ami Barthélemy d'Herwart, — parfois certains amis des parents sont adoptés par les enfants comme si leur caractère, leur tempérament, sinon leur âge, les rapprochaient davantage du fils que du père, et La Fontaine était de ceux-là, — Anne d'Herwart, — qui avait été nommé conseiller au Parlement de Paris et maître des requêtes, ayant définitivement

rompu avec sa maîtresse, une danseuse d'Opéra
que le vieil et indulgent ami de son père connaissait
bien, épouse « une des plus belles personnes que
l'on ait jamais vues », Mlle de Bretonvilliers.

La jeune Mme d'Herwart a vingt ans à peine
et sa bonté, comme son esprit, égalent sa beauté ;
c'est le type de l'honnête femme qui n'est pas
revêche, et elle adore son mari qui le lui rend
bien, et ne pense plus à sa danseuse. Tout de
suite, puisqu'Anne d'Herwart avait de la sympathie pour le vieux poète, — les amis de mon mari
sont mes amis, — elle l'accueille gentiment, af-
fectueusement : « Il faudra venir nous voir, Monsieur de La Fontaine, il faudra venir nous voir
souvent ! »

La Fontaine est transporté, conquis. Il veut
aussitôt faire quelque chose pour cette femme
exquise, c'est-à-dire, naturellement, des vers :
« Pour cela il lui faut donner un nom de Parnasse.
Comme j'y suis le parrain de plusieurs belles, je
veux et entends qu'à l'avenir Mme d'Herwart

s'appelle Sylvie dans tous les domaines que je
possède sur le double mont ». (A la vérité, ce nom
de Sylvie, il en avait déjà disposé jadis pour
Mme Fouquet, dans le *Songe de Vaux*... Mais
après vingt-cinq ans passés, — et puis, il était si
distrait !...) Donc, après Sylvie Fouquet, va
pour Sylvie d'Herwart :

> C'est un plaisir de voir Sylvie,
> Mais n'espérez pas que mes vers
> Peignent tant de charmes divers.
> J'en aurais pour toute ma vie !
>
> S'il prenait à quelqu'un envie
> D'aimer ce chef-d'œuvre des cieux...

Eh ! oui, on comprend ce choix de « Sylvie » :
vie, envie, ravie, servie, convie, suivie, c'est une
rime commode... Mais la rime est ici d'accord
avec la raison. Mme d'Herwart est réellement la
plus charmante des femmes, ce qui ne l'empêche
pas de demeurer le modèle des épouses. La « qualité d'épouse » n'est donc pas chez une femme
vice rédhibitoire ? La Fontaine en reste tout éber-

lué, mais en convient de bonne grâce ; comment un mari « cesserait-il d'aimer une femme souverainement jolie, complaisante, d'humeur égale, d'un esprit doux et qui l'aime de tout son cœur ? Vous voyez bien que toutes ces choses se rencontrant dans un seul sujet doivent prévaloir à la qualité d'épouse. » Auprès des d'Herwart, couple si bien assorti et si parfaitement épris, La Fontaine a bien retrouvé l'atmosphère d'amour qui lui est chère, mais cette fois, et pour la première fois, il s'agit d'amour conjugal, et il constate que l'atmosphère n'en est pas pour cela plus déplaisante. Mme d'Herwart, vertueuse certes, n'est pas du tout ennuyeuse. Ses salons magnifiques de la rue Plâtrière sont remplis d'hommes aimables et gais, de femmes rieuses et jolies : ce curieux abbé Vergier, l'ancien précepteur d'Anne d'Herwart, qui, à la différence de ces marins que l'on a vus quitter l'uniforme pour entrer dans les ordres, devait abandonner son petit collet pour devenir commissaire de marine ; un oncle de Mme d'Herwart, Cyprien Perrot de Saint Dié, avec qui La Fontaine se lie d'une telle amitié que les deux hommes ne se quittaient plus et qu'il l'appelait son « fidèle Achate » ; et des amies, et des parentes, « cette belle d'Arais, si vive et si spirituelle ; cette Gouvernet, si remplie de grâce ; cette aimable Viriville, cette charmante d'Hélang » ... Toute cette société choisie est pour lui aux petits soins, on fait cercle, on l'écoute avec la plus indulgente sympathie,

> Parler de paix, parler de guerre,
> Parler de vers, de vin et d'amoureux souci,
> Former d'un vain projet le plan imaginaire,
> Changer en cent façons l'ordre de l'univers,
> Sans douter, proposer mille doutes divers...

Voilà un bonhomme bien éloquent ; c'est qu'il se sent en confiance, tout à fait dans son élément, au milieu de jolies femmes et entouré d'amis. Il n'est pas gêné, comme il l'était toujours un peu malgré tout chez la duchesse de Bouillon, et on ne se permettrait pas non plus ici avec lui les « niches et brocards » des jeunes seigneurs impertinents qui le moquaient chez la Champmeslé.

Cela n'empêche pas les badinages et c'en fut un pour M. d'Herwart qui était fort gai, que de rendre La Fontaine amoureux, à soixante-sept ans, des quinze ans de Mlle de Beaulieu.

Donc la chose se passa un dimanche à Bois-le-Vicomte, dans le château que les d'Herwart possédaient à cinq lieues de Paris entre Mitry et Aulnay.

Dimanche, à la campagne ; il y a là une invitée nouvelle, cette ravissante Beaulieu « jeune et folâtre » qu'il s'agit de divertir. Ce cavalier qui débouche de la longue avenue d'ormes, devant le château, c'est La Fontaine. Mlle de Beaulieu ne le connaît pas. Eh ! voilà le divertissement cherché :

— Il a soixante-sept ans, ma chère, et que voulez-vous parier qu'avant une heure le Bonhomme est amoureux de vous ? propose le joyeux Anne d'Herwart.

Mme d'Herwart proteste bien un peu, toujours si douce, et délicate et bonne... Mais un dimanche, à la campagne...

Il faut renoncer à retracer l'aventure en d'autres termes que La Fontaine l'a fait lui-même dans sa lettre à l'abbé Vergier : « Qu'avait affaire M. d'Herwart de s'attirer la visite qu'il eut dimanche ? Que ne m'avertissait-il ? Je lui aurais représenté la faiblesse du personnage et lui aurais dit que son très humble serviteur était incapable de résister à une fille de quinze ans, qui a les yeux beaux, la peau délicate et blanche, les traits du visage d'un agrément infini, une bouche et des regards !... Je vous en fais juge ; sans parler de quelques autres merveilles sur lesquelles M. d'Herwart m'obligea de jeter la vue. Que ne me fit-il la description tout entière de Mlle de Beaulieu ? Je serais parti après le dîner ; je ne me serais pas détourné de trois lieues comme je fis, ni n'aurais été comme un idiot me jeter dans Louvres, c'est-à-dire dans un village qui n'en est éloigné que

d'un quart de lieue, plus loin de Paris que n'en
est Bois-le-Vicomte. La pluie me fit arrêter près
de deux heures à Aulnay. J'étais encore à cheval
qu'il était près de dix heures. Un laquais, le seul
homme que je rencontrai, m'apprit de combien
j'avais quitté la vraie route et me remit dans la voie
en dépit de Mlle de Beaulieu qui m'oc-
cupait tellement que je ne songeais ni à l'heure ni
au chemin. Mais cela ne servit de rien, il fallut
gîter au village. Vous voyez que, sans la visite
qu'elle nous fit, je n'aurais pas eu un gîte dont
il plaise à Dieu vous préserver. J'eus beau dire
l'oraison à Saint-Julien, Mlle de Beaulieu fut
cause que je couchai dans un malheureux hameau... »

Et comme dans ce malheureux hameau et ce
gîte détestable, il ne pouvait dormir, — car que
faire en un gîte à moins que l'on ne songe, — notre
poète songe de plus en plus à toutes les merveilles — lis et roses — sur lesquelles M.
d'Herwart l'avait « obligé de jeter la vue » ; il

ne songe pas que la pluie qu'il vient de recevoir
est détestable pour ses rhumatismes ; il ne songe
qu'à rimer les lis et les roses de Mlle de Beaulieu :

> Amarante est jeune et belle ;
> Je suis vieux sans être beau,
> Et vais pour quelque rebelle
> M'embarquer tout de nouveau.

Et le bonhomme se prend à rêver : Ah ! si du
moins il était roi ! — s'il était roi, Amarante de
Beaulieu, tout vieux soit-il, hésiterait-elle, en
l'épousant, à devenir reine, la reine Amarante ?
Et, en veine de générosité, le roi Jean de la Fontaine comble de bénéfices l'abbé Vergier, lui
promet

> Le revenu de deux mitres :
> L'une est Saint-Germain-des-Prés,
> L'autre Saint-Denis en France...

Oui, mais il faudrait être roi :

> Peu chanceux et vous et moi,
> Nous n'avons eu de nos vies,
> Moi, l'encolure d'un roi,
> Ni vous celle, en bonne foi,
> D'un homme à deux abbayes...

Tant pis après tout : « Vous pouvez vous moquer de moi tant qu'il vous plaira, je vous le permets ; et si cette jeune divinité qui est venue troubler mon repos y trouve un sujet de se divertir, je ne lui en saurai point mauvais gré. *A quoi servent les adorateurs qu'à faire rire les jeunes filles !* »

Est-ce bien le terme d'« adorateurs » qui est dans la lettre, ou La Fontaine n'a-t-il pas écrit « radoteurs » ainsi que d'aucuns l'ont voulu lire ? « A quoi servent les radoteurs qu'à faire rire les jeunes filles ! » Il le sait bien, parbleu, qu'il n'est qu'un vieux fou, mais comme il tient à sa folie !

L'exquise et malicieuse réponse de l'abbé Vergier serait tout entière à citer ; du moins n'en doit-on omettre ces vers, un des plus jolis portraits qui ait été tracé de La Fontaine, et des plus finement évocateurs et ressemblants :

> Que vous vous trouviez enchanté
> D'une beauté jeune et charmante,

L'aventure est peu surprenante :
Quel âge est à couvert des traits de la beauté ?
Ulysse au beau parler, non moins vieux, non moins sage
Que vous pouvez l'être aujourd'hui,
Ne se vit-il pas, malgré lui,
Arrêté par l'amour en maint et maint rivage ?
Qu'en quittant cet objet dont vous êtes épris,
Sur le choix du chemin vous vous soyez mépris,
L'accident est encor moins rare.
Hé ! qui pourrait être surpris
Lorsque La Fontaine s'égare?
Tout le cours de ses ans n'est qu'un tissu d'erreurs,
Mais d'erreurs pleines de sagesse.
Les plaisirs l'y guident sans cesse
Par des chemins semés de fleurs.
Les soins de sa famille ou ceux de sa fortune
Ne causent jamais son réveil :
Il laisse à son gré le soleil
Quitter l'empire de Neptune,
Et dort tant qu'il plaît au sommeil ;
Il se lève au matin sans savoir pourquoi faire ;
Il se promène, il va, sans dessein, sans sujet,
Et se couche le soir, sans savoir d'ordinaire
Ce que dans le jour il a fait.

Et le diable d'abbé ne manquait pas d'ajouter
qu'il avait fait voir à Mlle de Beaulieu la
lettre de La Fontaine, et que cette lettre avait
semblé produire grand effet : « sa jeunesse et sa

modestie ne lui ont permis de dire ce qu'elle en
pensait, mais je ne doute pas que des douceurs si
bien apprêtées ne l'aient touchée comme elles
doivent. »

C'est qu'il ne fallait pas laisser la plaisanterie
tourner court, et les hôtes de Bois-le-Vicomte
entendaient bien que le Bonhomme continuât de
les régaler de ses soupirs pour l'ingénue, qui, fine
mouche, acceptait de jouer son rôle dans la
comédie.

Cette comédie dura plus d'un an, puisqu'un an
plus tard, dans une lettre du même Vergier, il est
encore question de Mlle de Beaulieu et de
La Fontaine qui s'avise encore d'« effaroucher
sa jeunesse simple et modeste par ses naïvetés et par
les petites façons qu'il emploie lorsqu'il veut
caresser des jeunes filles. »

Le piquant est qu'a force de célébrer les
charmes de Mlle de Beaulieu, sous couleur d'entre-
tenir la passion de La Fontaine, Vergier finira
lui-même par s'y laisser prendre, et que nous le

verrons adresser à son tour à la jeune fille des épîtres enflammées où il intercale, sans le moindre scrupule d' « effaroucher sa jeunesse simple et modeste », le conte du « Gros Guillaume » pire que les pires contes dont les lectrices de La Fontaine eurent à rougir.

Mais, à cette époque, La Fontaine avait cessé ses assiduités ; j'imagine que c'est Mme d'Herwart qui avait dû intervenir pour que l'on mît un terme à ce jeu, malgré tout un peu pénible et cruel, et pour que son mari et ses amis, — et aussi Mlle de Beaulieu, — laissassent le vieillard en paix.

Qui sait pourtant si, lorsqu'elle mourut à cinquante ans, ayant, après une intrigue malheureuse, épousé un gentilhomme du nom de Nully, qui sait si Mlle de Beaulieu, devenue Mme Nully, ne pensait pas encore souvent, avec une sorte d'émotion attendrie, aux gentillesses du Bonhomme et à son idylle de Bois-le-Vicomte ?...

Quant à La Fontaine, il y avait eu certainement dans son cas beaucoup d'enfantillage, et un grain de naïve vanité. Il est le vieux poète mais il lui plaît de penser que le vieux poète est académicien — il est entré à l'Académie à soixante-trois ans — et célèbre. N'est-ce pas vers le même temps — exactement deux années auparavant — que nous l'avons surpris si fort occupé d'une fillette qui avait envoyé des vers « au parfait La Fontaine », en y joignant un billet où l'on ne jurerait pas cependant que les parents n'eussent mis la main, des parents désireux que le parfait La Fontaine enrichît leur collection d'autographes :

« Je crois en vérité que je ne serais jamais parvenue à faire une chanson pour vous, monsieur, si je n'avais en vue de m'en attirer une des vôtres... De grâce, monsieur, ne négligez point une petite muse qui pourrait parvenir si vous lui jetiez un regard favorable. »

Et La Fontaine d'envoyer à la petite muse, ou à la petite masque, la chanson demandée :

Paule, vous faites joliment
Lettres et chansonnettes :

> Quelques grains d'amour seulement
> Elles seraient parfaites.
> Quand ses soins au cœur sont connus,
> Une muse sait plaire.
> Jeune Paule, trois ans de plus
> Font beaucoup à l'affaire.

Trois ans de plus pour que la petite muse mette, en connaissance de cause, de l'amour dans ses chansons? La Fontaine ne nous cache pas que la jeune Paule a alors huit ans, très exactement ; — huit et trois onze : après tout Mlle de Beaulieu avait quinze ans, et par conséquent, au sentiment de La Fontaine, une grande expérience, une expérience de quatre années déjà, des affaires de cœur !...

— La Fontaine ! La Fontaine, vous ne serez donc jamais sérieux !...

Ainsi a dû le morigéner Mme d'Herwart, la bonté même et la même raison. On sait en effet, par une lettre de Vergier, que la jeune femme s'avisait de « vouloir régler les mœurs et la dépense » du vieil enfant qu'était La Fontaine.

Pour les mœurs, elle avait fort à faire ; quant à

la dépense, elle finit par aller au plus simple, qui consista à acheter elle-même ce dont il avait besoin, et comme le Bonhomme devenait de plus en plus négligé dans sa tenue, elle veillait sans le lui dire à renouveler sa garde-robe et à ce qu'il eût toujours à sa disposition des vêtements décents.

C'est que La Fontaine n'était plus seulement l'invité qui vient à cheval à Bois-le-Vicomte ou en visite rue Plâtrière. Il s'était installé à demeure chez les d'Herwart, et l'anecdote, authentique ou non, est singulièrement émouvante, du poète quittant pour n'y plus rentrer cette maison de la rue Saint-Honoré où Mme de la Sablière le logeait depuis vingt ans et dont il se trouvait brutalement dépossédé par la mort de sa bienfaitrice, et sa rencontre avec M. d'Herwart : « Mon cher La Fontaine, je vous cherchais pour vous prier de venir loger chez moi. — J'y allais », — répondit simplement La Fontaine.

Et certes M. d'Herwart faisait l'invitation volontiers et de grand cœur, mais croyez que c'est

Mme d'Herwart qui en avait eu l'idée et en avait
prié son mari.

Le La Fontaine que recueillent les d'Herwart
est d'ailleurs fort changé. Il vient d'être grave-
ment malade et on a bien cru qu'il allait mourir :
lui aussi l'a cru et à cette occasion est revenu à
Dieu par le chemin que lui indiquait le jeune et
sévère abbé Pouget, c'est-à-dire qu'il a renoncé
non seulement à Satan et à ses pompes, mais aussi
à ses propres œuvres, du moins à ses Contes.

La scène a été souvent décrite, assez doulou-
reuse et poignante, de cette conversion de La Fontaine en présence d'une députation de l'Académie
Française :

« Le 12 février 1693, jour fixé, qui était le
premier jeudi de carême, les députés de l'Académie se rendirent à dix heures du matin à l'église
(Saint-Roch) et accompagnèrent le Saint-Sacrement qu'on porta chez La Fontaine. Lorsque
Pouget fut entré dans la chambre, elle se trouva
remplie de personnes de la plus haute distinction

et d'hommes de lettres qui, pour être témoins de
cet acte pieux, s'étaient joints aux Académiciens.
Le Saint-Sacrement fut posé sur la table devant
le malade qui se trouvait assis dans un fauteuil.
Pouget fit les prières prescrites par le rituel et, dès
qu'il les eut terminées, La Fontaine, en présence
de cette nombreuse assemblée, exprima dans les
termes les plus formels son repentir d'avoir écrit
ses Contes ; il manifesta les intentions où il était
de passer le reste de ses jours dans les exercices de
la pénitence et de ne plus s'occuper qu'à la composition d'ouvrages de piété. Pouget lui fit ensuite
une exhortation pieuse et le recommanda aux
prières de tous les assistants. Tous se mirent à
genoux et prièrent tandis que le malade recevait
le Saint Viatique. »

A-t-on pensé au lieu de cette scène pathétique,
et que cela se passait précisément dans la « chambre des philosophes » dont La Fontaine avait
adressé à ses amis d'Angleterre une description
si plaisante : oui, les témoins de sa conversion ne

furent pas seulement les députés de l'Académie
et tant de personnages de la plus haute distinction,
mais tous ces « philosophes cuits », entendez les
plus grands philosophes de l'antiquité dont il avait
rassemblé les bustes de terre cuite pour en faire
l'ornement de sa chambre.

On sait par la lettre à M. de Bonrepaux qu'en
plus des philosophes, La Fontaine avait fait l'ac-
quisition d'un clavecin, afin que les amis qui le
venaient visiter

> Pussent avoir quelque musique
> Dans le séjour philosophique.

Or, pour La Fontaine, le clavecin ne va pas
sans claveciniste: « si un luth jouait tout seul, il
me ferait fuir », avait-il écrit dans la préface de
Psyché :

> Un clavecin chez moi ! Ce meuble vous étonne ?
> Que direz-vous si je vous donne
> Une Chloris de qui la voix
> Y joindra ses sons quelquefois ?
> La Chloris est jolie et jeune, et sa personne

Pourrait bien ramener l'amour
Au philosophique séjour...

Les philosophes cuits ont pu assister à la conversion, mais on suppose bien que le clavecin est resté muet et que la jeune et jolie Chloris n'était pas là.

Elle ne sera plus jamais là : La Fontaine en a fait le serment devant Dieu, l'Académie et l'abbé Pouget ; mais après ce changement de vie, il acceptera sûrement sans regret d'avoir à changer d'appartement, et quand la mort de Mme de La Sablière le chasse de la chambre des philosophes, il est au fond ravi de la quitter, cette chambre désormais peuplée pour lui de trop de souvenirs, et où, la nuit, quelque cauchemar lui doit montrer la jeune et jolie Chloris en dispute avec l'abbé Pouget et des académiciens...

Désormais il fera retraite, et c'est au demeurant une aimable retraite que le somptueux hôtel de la rue Plâtrière où les d'Herwart l'ont recueilli, et où il demeurera les deux années qui lui restent à

vivre, soigné, choyé, entouré de mille attentions
délicates par sa chère et charmante Mme d'Herwart.

Pendant ces deux ans, il ne sera plus question
de faire chanter Chloris ni de la chanter; fidèle
aux intentions qu'il a manifestées de se consacrer
entièrement « aux exercices de la pénitence et à
la composition d'ouvrages de piété » l'auteur des
Contes écrit un *Dies irae,* et l'on apprendra après
sa mort que ce voluptueux portait un cilice...

Est-ce à dire que le passé — ce passé qu'il a
prolongé si longtemps — ne le hante quelquefois,
ni qu'il ne le regrette ? Cela dépend beaucoup de
l'état de son estomac et de ses rhumatismes. Il y a
des moments où il se sent encore « un appétit et
une vigueur enragés » ; et tel jour il écrit à Maucroix qu'il est allé à Bois-le-Vicomte « à pied
et sans avoir presque mangé : il y a d'ici cinq
lieues assez raisonnables... »

Cette dernière promenade à Bois-le-Vicomte,
comment La Fontaine n'y aurait-il pas évoqué les

« lis et les roses » de Mlle de Beaulieu, et sa folie
d'alors, — après tout, il n'y a que six ans... —
oui, folie, mais bien agréable...

Et sans doute fredonne-t-il aussi la chanson qu'il
avait composée là pour Mme d'Herwart « sur l'air
des Folies d'Espagne » :

> L'autre jour, assis sur l'herbe tendre,
> Je chantais son beau nom dans ces lieux ;
> Les zéphyrs accourant pour l'entendre,
> Le portaient à l'oreille des dieux...

Et la chanson commençait par ce vers dont il
n'avait pas soupçonné alors le sens prophétique :

> On languit, on meurt près de Sylvie...

La Fontaine va languir et mourir, en effet, près
de Sylvie, près de Mme d'Herwart, — mais non
à la façon des bergers amoureux, languir et mourir à la lettre. Et l'on se plaît à se représenter
cette fin adoucie par les soins de ses hôtes.

Pourtant il ne paraît pas douteux que, si attentive et affectueuse qu'ait été leur hospitalité, elle

avait fini par peser un peu à La Fontaine, — il est splendide cet hôtel de la rue Plâtrière, trop splendide même, maintenant que La Fontaine ne peut ni ne veut plus participer aux fêtes qui s'y donnent, — il rêve d'une retraite infiniment plus modeste, mais où il serait tout à fait libre et tranquille pour mourir.

Ah ! s'il pouvait se retirer à Reims, par exemple, avec son vieil ami Maucroix; nous avons la preuve de ce projet dans une lettre de Maucroix, la dernière apparemment qu'il lui ait adressée, deux mois jour pour jour avant la mort de La Fontaine :

« Si Dieu te fait la grâce de te renvoyer la santé, j'espère que tu viendras passer avec moi les restes de ta vie... »

Seulement, pour cela, en plus de la santé, il lui eût fallu un peu d'argent, et c'est sans doute la raison pour laquelle nous le verrons, tous ces derniers temps, s'empresser à faire sa cour au petit duc de Bourgogne.

L'enfant, que son précepteur Fénelon élevait dans l'admiration du fabuliste, n'avait-il pas déjà, de son propre mouvement, envoyé à celui-ci, le jour qu'il reçut le Saint Viatique, « une bourse de cinquante louis qui était tout ce qui lui restait de ce que le roi lui avait fait donner pour ses menus plaisirs du mois courant ». Peut-être le royal enfant obtiendrait-il pour son vieux protégé une petite pension : une petite pension, de quoi aller finir ses jours avec Maucroix dans une petite maison de Reims...

Et La Fontaine achève, pour en faire l'hommage au duc de Bourgogne, un dernier recueil de fables, où l'on est tout de même un peu surpris de trouver des dédicaces à Mme de La Sablière, à sa fille Mme de la Mésangère, ou à Mme Harvey, cette Anglaise amie de la duchesse de Mazarin et de la duchesse de Bouillon ; et pas une ligne pour Mme d'Herwart...

Simplement voudrait-on supposer qu'en relisant les épreuves de son « Philémon et Baucis »

qu'il avait inséré et rééditait dans ce recueil, il
ne put s'empêcher de dire à ses amis d'Herwart,
dont le parfait bonheur conjugal continuait de faire
son émerveillement, que sans doute avaient-ils sé-
journé sous l'ombre du tilleul Baucis et du chêne
Philémon :

Pour peu que des époux séjournent sous leur ombre,
Ils s'aiment jusqu'au bout malgré l'effort des ans.
Ah ! si... mais autre part j'ai porté mes présents.

— Ah ! si j'avais épousé une femme comme
la vôtre, mon cher d'Herwart, chère madame
d'Herwart, une femme comme vous !...

Ce fameux « ah ! si... », avec les points de
suspension qui le suivent, a beaucoup excité le
zèle des commentateurs, et, entre tous, l'excellent Walckenaer, dont l'ouvrage demeurera le
guide essentiel pour qui s'attache à la vie de La
Fontaine, Walckenaer n'a pu résister à compléter
cet « Ah ! si... » d'une apostrophe dans le goût
de 1824 :

— « Oui, La Fontaine, nous le répétons après toi : « *Ah! si* le ciel t'avait donné une compagne qui t'eût fait connaître les tranquilles jouissances de la vie domestique, ton imagination n'eût été ni moins gaie, ni moins vive, ni moins spirituelle ; mais elle eût été mieux réglée et plus pure : tes fables seraient toujours l'objet de notre admiration et de nos louanges; mais dans tes autres écrits, la peinture du plus doux sentiment du cœur, dont tu connais si bien le langage, qui a fait des chefs-d'œuvre irréprochables du petit nombre de contes où tu l'as employée, aurait remplacé ces tableaux licencieux où tu as outragé les mœurs et quelquefois le dieu du goût. Alors, ô La Fontaine, les Satyres n'eussent point mêlé des fleurs pernicieuses parmi les fleurs suaves et brillantes dont les Muses et les Grâces ont tressé des couronnes ; et ces vierges du Parnasse ne te reprocheraient point, en rougissant, de les avoir si souvent forcées à se séparer de la pudeur, qui doit toujours être leur inséparable compagne ! Alors il ne nous fau-

drait plus soustraire comme un poison corrupteur,
aux regards des jeunes gens et des enfants, une
seule des pages du poète de l'enfance et de la
jeunesse ! »

Sans doute, ô Walckenaer, sans doute !...
« *Ah ! si...* »

Mais alors, n'est-ce pas à dire : « Ah ! si La
Fontaine n'avait pas été La Fontaine ! »

VI

LA FEMME D'INTRIGUES

Tous les renseignements que nous possédons sur cette étrange Mme Ulric, qui se donne pour l'Egérie de La Fontaine vieilli, — elle s'était fait remettre par lui de nombreux manuscrits et édita ses *Œuvres Posthumes*, — nous sont fournis par un pamphlet imprimé chez « J. D., imprimeur et marchand libraire à Amsterdam » et intitulé *Pluton Maltôtier*.

Pluton a choisi pour premier ministre le partisan Deschiens, lequel n'est autre que Fouquet, le surintendant, récemment débarqué aux Enfers.

Deschiens s'installe dans la capitale des Enfers Simple-en-Tout, qui compte une population de 9.362 habitants, tous venus de Paris comme lui, et qu'il se propose d'interroger, notamment « quatre-vingt-douze femmes et trente-quatre filles entretenues par des partisans, mortes de débauche et d'excès », vingt-huit fermiers généraux « morts de joie par la trop grande abondance », etc... etc.

C'est ainsi qu'il en arrive à un certain Boulanger, intendant de Bretagne, à qui il demande comme aux autres ce qui pourrait lui être agréable: « Qu'on fasse de moi n'importe quoi, répond l'intendant Boulanger, à condition de ne pas me renvoyer auprès de ma femme ; c'est elle qui est cause que je suis ici, elle m'a empoisonné. » Et d'ailleurs Boulanger convient que si Mme Boulanger s'est laissée aller à cette extrémité fâcheuse, c'est par jalousie, ayant appris que son mari aimait *la Ulric,* et « les dépenses excessives qu'elle lui faisait faire ».

Mais Boulanger ajoute que la jalouse aurait dû

savoir qu'il avait rompu avec cette « insatiable créature », avec cette « Messaline » dont il avait surpris les « mille et mille infidélités ».

Une « Messaline » Mme Ulric? Deschiens proteste :

— « Comment ! mais vous n'y pensez pas ! J'ai connu Mme Ulric, je l'ai vue loger dans la rue de l'Université, au faubourg Saint-Germain, avec la duchesse de Choiseul, où bien d'honnêtes gens allaient lui rendre visite !...

— « Cela est vrai, reprend Boulanger ; mais on ne la fréquentait que pour être témoin de ses débauches et de ses libertinages; on jouait chez elle jour et nuit à toutes sortes de jeux, et les mousquetaires et toutes sortes de petits-maîtres ne se faisaient aucun scrupule, quand la fantaisie leur en prenait, d'aller dans cette maison faire, comme on dit, le tapage, de casser la porcelaine et les vitres, et d'en user ni plus ni moins que dans le lieu le plus débordé de tout Paris, sans respect ni distinction... »

Deschiens tombe de son haut : « J'avais toujours cru Mme Ulric à peu près de la même qualité
que la duchesse de Choiseul ; il faut que je me
sois donc bien trompé !... »

Et pour lui montrer à quel point il s'était
trompé, en effet, sur le compte de Mme Ulric,
Boulanger entreprend de lui conter la vie de la
dame « sur le petit détail ».

Et voici l'histoire de Mme Ulric :

Son père, musicien réputé, avait fait partie des
vingt-quatre violons du roi, qui avaient « la charge
exclusive de jouer aux bals parés et masqués de la
Cour et aussi pendant le lever du roi et son grand
couvert ». Mais il était « mort gueux, ce qui est
le destin ordinaire de ces sortes de gens » et sa
femme n'avait eu d'autre ressource que de mettre
en service ses nombreux enfants.

C'est ainsi que la future Mme Ulric fut placée
chez un barbier, dans le quartier des Quinze-
Vingts. Elle avait alors treize à quatorze ans et
l'on voyait tout de suite qu'elle n'était pas née

pour demeurer servante : « elle avait de l'esprit, belle, faite au tour, et dansant comme une fille de maître ».

Un client du barbier, un Suédois du nom d'Ulric, qui était le maître d'hôtel du comte d'Auvergne, vit la fillette, s'en éprit à la passion, et projeta aussitôt d'en faire sa femme. Pourtant, avant qu'elle fût en âge d'être épousée, il voulut la retirer de chez le barbier et la mit en pension dans un couvent où il la venait voir chaque semaine à la grille.

Mais la jeune pensionnaire ne voyait pas seulement son protecteur et futur mari, à la grille du couvent ; elle y rencontrait fréquemment quelqu'un d'infiniment plus séduisant que ce lourdaud de Suédois, plus délicat et spirituel que ce maître d'hôtel : c'était Dancourt, l'acteur-auteur avec qui elle ne tarda pas à ébaucher une intrigue à laquelle Ulric, avisé, s'empressa de couper net en la retirant de la pension aussitôt et en l'épousant sans plus attendre.

Devenue Mme Ulric, elle n'en eut, au demeurant, que plus de facilités pour renouer avec Dancourt, qui fut suivi de beaucoup d'autres. Et le
pamphlétaire de *Pluton Maltôtier* affirme que
« tout ce qui se présenta dans la robe, dans l'épée
et ailleurs, fut reçu à bras ouverts par Mme Ulric,
mais particulièrement les jeunes seigneurs étrangers
qui venaient avec de bonnes bourses pour se façon-
ner à la Cour ; ils ne pouvaient tomber à meilleure
école et lorsqu'elle les tenait, elle ne les quittait
jamais qu'elle ne leur eût ôté la dernière plume
de leurs ailes... »

Et La Fontaine dans tout cela ? Notre pamphlétaire n'en souffle mot. Il est probable qu'il
avait connu Mme Ulric en fréquentant chez le
comte d'Auvergne, frère du duc de Bouillon :

— Vous savez que mon maître d'hôtel suédois,
oui, Ulric, a une très jolie femme...

Et du moment que l'on s'amusait chez Mme Ulric, que l'on y jouait (La Fontaine n'a jamais
cessé d'être joueur), que l'on y aimait autant que

l'on y jouait : toujours cette atmosphère d'a-
mour...

Puis, n'est-ce pas le temps où, plus il vieillit,
plus La Fontaine se sent pris d'une frénésie de
plaisir, tenant sa partie parmi les débauchés qui
festinent avec le Grand Prieur dans son hôtel du
Temple : le Grand Prieur, un Vendôme qu'il a
connu également chez la duchesse de Bouillon.

A ces soupers du Temple, il rencontre le marquis de Sablé et l'abbé Servien, le frère du marquis. Or, en ce moment, c'est le marquis de Sablé
l'amant en titre de Mme Ulric, c'est lui qui préside
aux folles réceptions que sa maîtresse organise
dans l'hôtel de la rue de l'Université, le propre
hôtel de la duchesse de Choiseul-Praslin où elle
loge ; n'oublions pas que Marie-Louise-Gabrielle
Le Blanc de la Vallière, toute duchesse soit-elle,
duchesse de Choiseul-Praslin, est, pour la facilité
de ses mœurs, une autre Mme Ulric, et qui a trouvé
en Mme Ulric une compagne agréable, une confi-
dente utile et complaisante à toutes ses intrigues.

Le marquis de Sablé a dû amener quelque soir,
rue de l'Université, le vieil homme prêt à « faire
le tapage » avec des jeunes gens. Et La Fontaine
s'est retrouvé là tout de suite en pays de connaissance, non seulement avec Mme Ulric, mais avec
Ulric : « Vous vous rappelez, monsieur de La
Fontaine, ce jour où nous étions ensemble chez
Monseigneur le duc de Bouillon, à Château-
Thierry ? »

Qu'il s'appelle Ulric ou Champmeslé, toujours La Fontaine est tout de suite l'ami du
mari.

Et Ulric se sent tellement l'ami de La Fontaine que c'est à lui qu'il confie sa femme quand
les nécessités de son service l'obligent à s'éloi-
gner de Paris avec le comte d'Auvergne. C'est
toute l'explication, et très simple, des deux fa-
meuses lettres d'octobre et novembre 1688, autour
desquelles on a bâti l'extravagante histoire d'un
rendez-vous galant donné par Mme Ulric à La Fontaine :

... « Délivrez-moi le plus tôt que vous pour-
rez de l'inquiétude où je suis touchant le retour
de votre époux, car je n'en dors point. Cela et
un rhume me font jeter dans une insomnie qui du-
rera jusqu'à ce que vous soyez à Paris... J'accepte, madame, les perdrix, le vin de Champagne et les poulardes avec une chambre chez M. le
marquis de Sablé, pourvu que cette chambre soit
à Paris. J'accepte aussi les honnêtetés, les bonnes
conversations et la politesse de M. l'abbé de Servien et de votre ami. En un mot, j'accepte tout
ce qui donne bien du plaisir et vous en êtes toute
pétrie. Mais j'en viens toujours à ce diable de
mari, qui est pourtant un fort honnête homme. Ne
nous laissons pas surprendre... »

Qu'est-ce à dire, sinon que La Fontaine,
comme toujours, après que le mari lui eut fait
confiance, a reçu les confidences de la femme :

— Mon bon La Fontaine, vous avez dû dire
ceci ou à peu près dans une de vos fables : quand
le chat n'est pas là, les souris dansent... Ulric est

parti, nous allons en profiter pour filer à la campagne avec M. de Sablé...

Et voilà les deux amants envolés, et La Fontaine s'inquiète fort ; ce n'est pas tant la morale qui le préoccupe : « je n'ai nullement le caractère de Bastien le remontreur » — mais si le mari revient à l'improviste et constate que sa femme n'est plus à Paris ! Ne l'avait-il pas donnée à garder à La Fontaine ? Et cet époux est quelquefois « un peu mutin »...

Pourtant, comment cet époux mutin a-t-il encore le goût de la mutinerie, car, avec l'existence qu'elle mène et les « tapages » de la rue de l'Université, Mme Ulric lui en fait voir de dures...

Mais non, il ne voit rien, ou ne veut rien voir. Ces jeunes étrangers dont sa femme fait l'éducation parisienne ? Des parents de Suède; tous ces charmants « tapageurs », des parents ou des amis particuliers à lui, Ulric : « elle concertait si bien toutes ses menées que celui-ci, ne voulant pas se donner la peine d'ouvrir les yeux sur une conduite aussi déréglée, croyait que le seul mérite de sa femme lui attirait tout le grand monde qu'il voyait chez lui, qui la fréquentait... »

Ainsi Ulric a toujours excellé à sauver la face, et c'est manifestement son principal souci.

Que si, au contraire, à la suite du comte d'Auvergne, il rentre à Paris maintenant que sa femme n'y est pas et s'en est allée avec un amant, les apparences ne seront plus sauves et « ce diable de mari » sera bien forcé de se mutiner. Et c'est à La Fontaine qu'il s'en prendra, ami déloyal et félon, dépositaire infidèle ; Mme Ulric se tirera d'affaire, les femmes s'en tirent toujours : « Vous paierez de caresses pleines de charme, mais moi, de quoi paierai-je ? » Et le bonhomme, vraiment très ému, insiste :

« Ne nous laissons point surprendre. Je meurs de peur que nous ne le voyions sans nous y attendre, comme le larron de l'Evangile. Evitons cela, je vous en supplie, si nous le pouvons... »

Voilà ce que l'on a voulu interpréter comme les

craintes d'un amoureux à qui sa dame offre un
rendez-vous et qui tremble d'être surpris en fla-
grant délit !... Et il écrit à la dame que cette
crainte l'empêche de dormir, cette crainte et ses
rhumatismes !... Singulière occasion de parler de
ses rhumatismes et singulier amoureux !

Mme Ulric lui a écrit tout simplement : — Eh
bien oui, mon bon La Fontaine, nous avons filé
avec Sablé et je vous prie de croire que l'on ne
s'ennuie pas une seconde dans notre petite maison.
L'abbé Servien (qui est moins rigoriste que vous !)
est venu nous rejoindre et le mieux serait que vous
fassiez comme lui ; il y a une chambre pour vous
et vous pouvez être assuré que sous serez bien
traité et bien cajolé.

Et la tentatrice énumère tout ce qu'elle sait
susceptible d'attirer le Bonhomme, de lui « donner
bien du plaisir », les perdrix, le vin de Champagne, les poulardes et toutes sortes d' « honnêtetés »...

Mais l'autre « rebat toujours une même note »

qui est : « Ne nous laissons pas surprendre » c'est-à-dire : ne *vous* laissez pas surprendre, vous et Sablé; s'il écrit « ne *nous* laissons pas », c'est seulement qu'il est leur répondant auprès du mari et se considère comme leur complice : « Ne nous laissons pas surprendre, je vous en prie. Je m'informerai, mais qui diantre sait précisément quand il reviendra? »

Au fond, le vieil homme est ravi d'avoir à trembler pour une jolie femme, d'être mêlé à des intrigues, — nous l'avons dit, il adore cela, — et de cette complicité amoureuse.

Là-dessus, nouvelle lettre de Mme Ulric « toute pleine de tendresses » mais où l'on voit bien qu'elle se moque de lui, puisqu' « elle ne lui marque pas le lieu où elle est »; alors l'invitation ne tient plus d'aller rejoindre les deux amants, qui ont changé de retraite?...

A la vérité, La Fontaine le préfère ainsi : « Je suis au désespoir de vous avoir fait les remontrances que je vous ai faites : non qu'elles ne soient raisonnables ; mais votre lettre ne permet pas qu'on écoute la raison en façon du monde, et vous renverserez l'esprit de qui vous voudrez, et quand vous voudrez, fût-ce un philosophe du temps passé... »

Il y a bien encore une allusion aux « grands seigneurs qui pourraient bien s'en revenir au plus vite », et si le comte d'Auvergne, par exemple, est un de ces grands seigneurs, Ulric s'en reviendra au plus vite avec lui : « On ne saurait imaginer une plus agréable compagnie que celle que vous avez ; Dieu vous la conserve (voilà Dieu assez imprudemment invoqué !...) — Dieu vous la conserve et ramenez-la au plus tôt si vous m'en croyez »... Mais c'est un chapitre sur lequel La Fontaine n'insistera plus : « il me paraît que vous ne le souhaitez pas »...

Du moins proteste-t-il qu'il demeure tout aux ordres de Mme Ulric pour toutes missions et commissions dont elle le voudra charger, et notamment pour aller visiter sa fille dans le couvent où

elle l'a laissée. Car Mme Ulric, au milieu de
toutes ses aventures, a eu une fille, qui est la fille
d'Ulric évidemment, et qui s'appelle Thérèse,
nom particulièrement cher à Dancourt, — lequel
Dancourt, avant, après ou pendant sa liaison avec
Mme Ulric, avait enlevé et épousé Thérèse Lenoir
La Thorillère, sœur du comédien.

Mme Ulric, en quittant brusquement Paris, n'a
pas manqué de recommander à La Fontaine :

— Et si vous voulez me faire plaisir, vous irez
prendre des nouvelles de la petite, et m'en en-
verrez...

Et voici La Fontaine dans le parloir de la pension où est élevée Mlle Thérèse ; il est d'ailleurs
assez mal reçu : « J'ai vu Mlle Thérèse, qui m'a
semblé d'une beauté et d'un teint au-dessus de
toutes choses. Il n'y a que la fierté qui m'en
choque. Ne vous êtes-vous pas aperçue que votre
fille était une fière petite peste?... »

La « petite peste » n'est qu'une honnête et
brave petite fille, qui se doute de bien des choses,

et que désolent les intrigues de sa mère. Alors, quand elle voit arriver ce vieux bonhomme, qu'elle devine mêlé et complaisant à toutes ces intrigues, tout de suite apparaît dans son accueil un premier mouvement de froideur, de raideur, sinon de répulsion, ce qu'il appellera de la « fierté ».

Mais il n'est pas méchant, au fond, le vieux bonhomme, la petite ne tardera pas à s'en rendre compte, et qui donc lui pourrait tenir longtemps rigueur? Il y a en lui une inconscience qui désarme ! La Fontaine est revenu, et, dès la seconde visite, les préventions tombent ; à la troisième, ils sont bons amis et bavardent en confiance : « J'ai vu Mlle Thérèse depuis cela, non pour obéir à vos ordres, mais pour mon plaisir et très grand plaisir. Elle avait le plus beau teint de fille que j'aie vu de ma vie. Ne vous allez pas imaginer que nous nous laissions mourir de chagrin pendant votre absence; c'est une chose qui se dit toujours, et qui n'arrive jamais... »

Quelle tristesse cependant qu'une mère comme

Mme Ulric, quand on a, comme la jeune Thérèse, « autant de vertu que la mère était libertine » ! Il faut lire dans *Pluton Maltôtier* où ils sont contés sans ménagement, les épisodes de cette lutte entre la mère et la fille, et les touchants efforts de cette dernière pour ramener l'autre dans la bonne voie.

Thérèse était entrée au couvent d'Evreux et y avait pris le voile « avec une joie qui n'était contre-balancée que par la douleur qu'elle avait de laisser sa mère dans Paris faire la vie d'une prostituée à tous venants, faisant des vœux dans le fond de son cœur pour sa conversion. »

Un beau jour Mme Ulric arrive à Evreux, court au couvent de sa fille, supplie qu'on l'y accepte, se déclare résolue à changer d'existence, fait l'admiration de tous par le zèle de son repentir ; « mais son jeu, tous ses artifices et son hypocrisie ne devaient pas être longtemps sans se faire connaître : elle eut, entre autres, une intrigue secrète dans ce couvent avec un des directeurs qu'elle corrompit et, ayant demandé à l'abbesse de faire un tour à Paris pour ses affaires particulières, celle-ci qui n'avait aucun droit de la retenir, la laissa partir, mais elle emmena avec elle ce directeur, ce qui causa un extrême scandale !... »

Le scandale fut tel en effet que Thérèse finit par obtenir une lettre de cachet contre cette mère indigne « pour faire prendre Mme Ulric partout où elle serait et la faire enfermer dans le couvent d'Evreux ; mais l'abbesse ne voulant pas une telle ouvrière dans sa maison, craignant qu'elle n'achevât de gâter son petit troupeau qu'elle n'avait que trop envenimé, elle ne voulut pas s'en charger, si bien que le parti que l'on prit, ce fut, après l'avoir rasée, de la mettre à l'Hôpital général jusqu'à la fin de ses jours... »

Cela n'est pas absolument exact, ou du moins l'auteur de *Pluton Maltôtier* paraît avoir fait confusion. Les rapports de René d'Argenson, le lieutenant de police, signalent la présence de Mme Ulric, non à l'Hôpital général, mais dans la maison Sainte-Magdeleine, et nous apprennent à la fois qu'elle y avait été enfermée, puis que l'ordre avait été donné de l'en élargir.

Or la supérieure de Sainte-Magdeleine, qui souhaitait que sa communauté « destinée par son institution à corriger les personnes de quelque naissance qui déshonorent leur fille » devînt un monastère « libre et paisible », favorisait elle-même la fuite de ses pensionnaires.

On lit dans le rapport de d'Argenson :

« J'ai fait rendre à la Supérieure de la maison de Sainte-Magdeleine l'ordre du roi qui rend à la dame Ulric toute sa liberté, mais elle ne s'est pas trouvée en état d'en profiter sur-le-champ par sa propre faute. Le procès-verbal que je prends la liberté de joindre à cette lettre, vous fera connaître qu'en voulant passer par-dessus les murs, elle s'est démis un pied... La supérieure n'en dit rien à mon secrétaire qui me rapporta seulement que cette femme avait la fièvre et qu'elle ne croyait pas qu'elle pût sortir de quelques jours. J'apprends néanmoins qu'à la venue de l'ordre qui la rend libre, elle a repris ses forces et que la supérieure, à qui elle n'est pas moins insupportable que le couvent ne lui est odieux, l'a renvoyée dès hier et qu'enfin, ne sachant où se retirer, elle alla coucher chez le sieur Rivière (?)... »

Le lieutenant de police ajoute un peu plus tard que « la dame Ulric est encore à Paris et que ce n'est pas à Bruxelles qu'elle avait dessein d'aller mais en Allemagne et à la cour de Cassel. On assure même qu'elle a formé d'autres projets et qu'elle pense maintenant à un mariage qui apparemment ne sera pas plus heureux pour elle que pour celui qu'elle se propose de tromper... »

Et il termine par cette appréciation personnelle :

« C'est une des plus indignes mères qu'il y ait au monde, et il faudrait la renfermer elle-même si les lois permettaient de débarrasser les maris des méchantes femmes qui leur tombent en partage... »

Voilà en quelles mains La Fontaine confie ses

plus précieux manuscrits, voilà la femme qui se
flatte de l'avoir connu mieux que personne au
monde, qui se porte garante de son esprit et de son
cœur. — « Moi seule je sais ce qu'il valait !...
avec moi, il se montrait tel qu'il était, il se livrait
vraiment, il était délicieux !... » C'est elle qui
apportera son témoignage contre le portrait que
La Bruyère avait tracé de lui, où il le représentait
comme un homme « qui paraît grossier, lourd,
stupide, ne sait pas parler, ni raconter ce qu'il
vient de voir »; Mme Ulric, à ces mots, pousse de
grands soupirs et lève les yeux au ciel :

— « Si l'auteur qui l'a peint sous des traits si
contraires à la vérité l'avait bien connu (et pas
même autant que moi), dit-elle, il aurait avoué que
le commerce de cet aimable homme faisait autant
de plaisir que la lecture de ses livres. Aussi tous
ceux qui aiment ses ouvrages, et qui est-ce qui ne
les aime pas, aimaient aussi sa personne. Il était
admis chez tout ce qu'il y a de meilleur en
France. Tout le monde le désirait, et si je voulais

citer toutes les illustres personnes et tous les esprits supérieurs qui avaient de l'empressement
pour sa conversation, il faudrait que je fisse la liste
de toute la cour. »

Un tel brevet d'honnêteté et de délicatesse
perd un peu à être signé par une femme qui figure,
dans les termes que nous avons cités, sur les rapports du lieutenant de police. Mais ce qu'on s'explique le moins n'est pas de voir La Fontaine, avec
son caractère voluptueux et débonnaire, s'empresser dans les filets de Mme Ulric, mais plutôt la raison qui poussait Mme Ulric à s'embarrasser de La
Fontaine.

Il serait tentant de faire intervenir ici l'influence ou le souvenir de Dancourt, de supposer
que Mme Ulric avait conservé de son premier
amant le goût de la littérature et du théâtre, de
montrer que l'année 1688, dont sont datées les
deux lettres qui marquent son intimité avec La
Fontaine, est celle où La Fontaine vient de faire
jouer la *Coupe enchantée* presque en même temps

que Dancourt a obtenu un vif succès avec sa *Maison de campagne* ; et n'a-t-on pas relevé dans les pièces de Dancourt nombre d'allusions qui prouvent qu'il n'avait jamais oublié ses relations avec Mme Ulric, témoin, entre autres, ces répliques de la *Maison de campagne*, précisément, quand Lisette, craignant qu'Eraste ne soit surpris avec Marianne, lui fait entrevoir qu'en cas de surprise, on pourrait bien envoyer Marianne dans un couvent ; à quoi Eraste de répondre : « Et n'y sera-t-elle pas moins gênée que dans la maison de son père ? » Dancourt ne savait-il pas de reste que la grille d'un couvent n'était pas un bien grand empêchement pour deux amoureux désireux de se voir — et n'est-ce pas avec Mme Ulric qu'il en avait fait la première expérience ?

C'est un jeu facile mais factice de s'ingénier ainsi à retrouver les traces de sa vie privée dans l'œuvre d'un écrivain; quand Dancourt compose sa *Désolation des joueuses*, il est bien permis cependant d'imaginer qu'il n'avait pu s'empêcher de

songer au trouble que cette défense de jouer au
lansquenet, qui fut le prétexte de sa pièce
(23 août 1687) avait certainement jeté chez
Mme Ulric que nous avons vue tenant un véritable
tripot dans l'hôtel de Choiseul, rue de l'Université; et, surtout comment n'est-ce pas à son ancienne amie qu'il aurait pensé en donnant ce titre
à l'une de ses pièces : *La Femme d'intrigues*, dont
elle apparaît le type le plus accompli?

Prise par Dancourt pour héroïne de ses comédies, Mme Ulric a pu très naturellement souhaiter
de faire auprès de La Fontaine figure d'inspiratrice.

Il n'est pas non plus défendu d'admettre qu'il
s'y mêle la vanité d'une femme tenue, malgré tout,
en marge de la société, et qui n'est pas fâchée de
montrer à sa dévotion un homme choyé par tant
de grandes dames ; vous avez remarqué comme,
dans le portrait qu'elle fait de La Fontaine en
réplique à La Bruyère, elle insiste sur ce qu'il est
reçu « chez tout ce qu'il y a de meilleur en

France », recherché par « toutes les illustres personnes et tous les esprits supérieurs » en un mot par « toute la cour ».

Cette insistance, cet étalage de ses belles relations, ne sentent-ils pas, en dépit qu'elle en ait, la femme du maître d'hôtel? Si peu qu'il soit son mari, Ulric est tout de même en service chez le frère de Bouillon; comment Mme Ulric ne serait-elle pas jalouse de cette duchesse de Bouillon qui tient tant de place dans le monde, alors que sa conduite n'est pas beaucoup moins dissipée et scandaleuse ? Elle aussi, cette duchesse, n'a-t-elle pas dû faire, au couvent de Montreuil et à l'abbaye de Saint-Martin-de-Pontoise, des séjours qui n'étaient pas tout à fait volontaires?

Oui, l'on voit assez bien une Mme Ulric qui veut prendre sa revanche sur la duchesse de Bouillon, et commence par lui prendre son La Fontaine.

N'a-t-on pas dit que c'est Marie-Anne de Bouillon qui a fait écrire à La Fontaine la plupart de ses contes? Eh, bien ! il en écrira aussi pour Mme Ulric, oui, et cela malgré son serment solennel de « renoncer à tout conte frivole », serment prononcé en pleine Académie et rédigé même, c'est lui qui l'ajoute plaisamment, « en assez beaux vers » :

> Oh ! combien l'homme est inconstant, divers,
> Faible, léger, tenant mal sa parole !

Ce conte de *la Clochette*, ne serait-ce pas déjà à l'instigation de Mme Ulric qu'il l'aurait composé, et aussi celui du *Scamandre* dont le prologue est encore plus explicite :

> Me voilà prêt à conter de plus belle;
> Amour le veut et rit de mon serment :
> Hommes et dieux, tout est sous sa tutelle,
> Tout obéit, tout cède à cet enfant.

En tout cas, il n'est pas douteux que c'est pour Mme Ulric que fut écrit le conte des *Quiproquos*, dont le point de départ est cette anecdote que nous

avons rapportée, qui marque les débuts de la carrière amoureuse de La Fontaine, et comment la
servante alors avait payé pour la maîtresse...
N'est-ce pas façon pour les vieillards de faire
leur cour aux jeunes femmes que de chercher à les
divertir au récit de leurs anciennes bonnes fortunes ?

— M. de La Fontaine, il faut absolument que
vous me fassiez un conte là-dessus, un conte de
votre style !... — Mais j'ai juré... — Et à moi,
ne me jurez-vous pas que vous m'aimez ?...

Et la preuve, s'il en était besoin, que les *Quiproquos* appartenaient bien à Mme Ulric, c'est
qu'elle seule en possédait copie, en sorte que ce
conte ne figure pas dans les éditions des *Contes*
publiées en Hollande après la conversion de La
Fontaine, mais seulement et pour la première fois
dans le volume des *Œuvres posthumes* où Mme Ulric réunit toutes les pièces qu'elle avait arrachées
au vieux poète.

Il est assez piquant de constater que Mme Ulric

apparaît ainsi la première femme d'intrigues qui se
soit attachée à la vieillesse d'un écrivain célèbre
pour obtenir de lui des manuscrits importants et
de précieux autographes; elle n'a pas été la dernière...

Et de quel ton doctoral cette personne qui sort
des Madelonnettes, ou qui s'apprête à y entrer,
tranche de haut et donne ses avis sur le talent et
sur l'œuvre de « son ami » La Fontaine :

« Pour ses Contes, je ne trouve personne qui
puisse entrer en parallèle avec lui, il est absolument inimitable. Quels récits véritablement charmants ! Tout y coule de source ! Leur lecture fait
subir à l'âme un plaisir qu'on ne peut décrire ! »

C'est une rage qui tient certaines femmes, et
principalement les femmes de la qualité de
Mme Ulric, de toujours parler de leur âme, de
mettre d'abord leur âme en avant, même quand
il est, comme ici, manifeste que l'âme n'a pas la
plus grande part dans l'affaire. Quand La Fontaine, dans une des lettres citées, entretient

Mme Ulric de « tout ce qui donne bien du plaisir »,
ajoutant « et vous en êtes toute pétrie », ce n'est
pas sans doute à son âme qu'il entend faire allusion, ni qui « en est pétrie »...

C'est d'ailleurs une assez jolie marque de cy-
nisme que la publication de ces deux lettres, d'un
caractère aussi intime, par Mme Ulric elle-même,
dans son désir de grossir le volume des *Œuvres
posthumes* et d'affirmer, devant la postérité,
l' « amitié violente » que La Fontaine ressentait
pour elle.

Jusqu'où alla cette amitié ? Nous croyons avoir
établi que le texte de La Fontaine par lui-même
ne prouvait rien. Mais étant donnés le caractère et
la conduite de Mme Ulric et aussi le caractère et
la conduite de La Fontaine, on accordera volontiers que les satisfactions d'amour-propre qu'elle
avait obtenues de lui purent être payées de quelques faveurs amoureuses qui lui causaient tant de
plaisir et, à elle, si peu de peine. Car ce n'est
pas Mme Ulric qui, si elle dut s'acquitter de la

sorte, allait, comme l'héroïne des *Quiproquos*, s'en montrer inconsolable. Et la morale du conte (si morale il y a) s'appliquait à tous les deux :

> Dieu gard' du mal celles qu'en cas semblable
> Il ne faudrait nullement consoler !
> J'en connais bien qui n'en feraient que rire...

VII

LES CLYMÈNES ET LES CHLORIS

« Je doute qu'il y ait eu du philtre amoureux pour La Fontaine; il n'a guère aimé de femmes qui en eussent pu faire la dépense. » L'auteur de ce jugement sur la vie amoureuse de Jean de La Fontaine ne saurait en pareille matière être taxé d'incompétence, et son expérience fut exceptionnelle : c'est Ninon de Lenclos.

Il est remarquable que les personnes de la moralité de la belle Ninon sont précisément celles qui se montrent le plus sévères et intransigeantes sur le chapitre des relations; ce La Fontaine, jamais elle

n'eût consenti à l'attirer chez elle, non parce qu'il
avait de mauvaises mœurs, mais parce qu'il en
faisait étalage, prenait pour maîtresse la première
venue et ne s'en cachait pas : les maîtresses de
M. de La Fontaine, fi donc ! des Jeannetons et
des Chloris !

> Les délicats sont malheureux,
> Rien ne saurait les satisfaire...

La Fontaine n'hésite pas à se satisfaire, à défaut de Clymène, avec Chloris et Jeanneton.

Une lettre au prince de Conti nous renseigne sur
le vocabulaire amoureux qu'il a ainsi adopté, pour
classer les différentes catégories de jolies filles aux-
quelles il porte ses hommages. A propos de la rigueur dont témoignait alors le pape Innocent XI
qui prétendait restreindre dans ses États le commerce de la galanterie, il avait écrit :

> Mais les gens au delà les monts
> Auront bientôt pleuré cet homme,
> Car il défend les Jeannetons,
> Chose si nécessaire à Rome.

Et il ajoute et commente aussitôt : « Comme il ne coûte rien d'appeler les choses par noms honorables, et que les nymphes de delà les monts, les bergers mêmes, pourraient s'offenser de celui-ci, je leur dirai que j'ai voulu d'abord les qualifier de Chloris, mais ma rime m'a fait choisir l'autre nom que j'avais déjà consacré à ces sujets-là. Les registres du Parnasse ont un cérémonial où il y en a pour tous les degrés et pour tous les âges. Je ne m'arrête point à cela et ne prends pas garde de si près à la distribution de ces dignités, que je donne fort souvent par caprice ou pour une considération fort légère... »

Quoi qu'il en soit, Jeanneton ou Chloris, cette « dignité » est évidemment réservée aux personnes galantes et faciles avec lesquelles Ninon, méprisante, n'a garde qu'on la confonde. Les autres, les grandes dames, c'est Clymène, et Clymène, vous vous en souvenez, ce fut, par exemple, au début, la femme du lieutenant du roi de Château-Thierry, — les femmes du monde...

Mais l'amour des femmes du monde lui est tout de suite apparu bien absorbant et compliqué, et nous avons montré comment La Fontaine s'était volontiers rabattu sur les servantes.

> Mais pourquoi les Chloris aux appas triomphants,
> Que pour maintenir ton commerce?

Quand il entonne ainsi son « Hymne à la Volupté », on voit qu'il parle des Chloris et non des Clymènes.

La vérité est que La Fontaine a toujours confondu la volupté et l'amour. Ce n'est pas la même chose. Peut-être même s'excluent-ils.

Voluptueux, tout le sollicite également :

> J'aime le jeu, l'amour, les livres, la musique,
> La ville et la campagne, enfin tout...

L'amour est autrement impérieux et exclusif ; un véritable amant, et qui a un tempérament d'amant, aime l'amour et rien d'autre; La Fontaine a l'esprit bien trop distrait, impatient et divers, pour se fixer constamment sur le même sujet, fût-ce l'amour, pour s'attacher constamment au même objet, fût-ce Clymène.

C'est pourquoi c'était folie de le marier et, bien ou mal marié avec Mlle de La Fontaine, il n'était femme au monde pour le retenir.

Sa maladie, c'est l'ennui. Où qu'il soit, et avec n'importe qui, au bout d'un temps plus ou moins long, l'ennui le guette, l'ennui le gagne, et il le sait si bien qu'il finit par jouir de son mal, s'en créer une volupté nouvelle le « sombre plaisir d'un cœur mélancolique »...

Mais volupté ou non, c'est l'ennui tout de même, et un homme qui connaissait parfaitement La Fontaine, comme l'abbé Vergier, l'a fort exactement noté dans une lettre à Mme d'Herwart ; il montre le Bonhomme, abandonnant tout à coup la société où il se trouve, s'écartant

> Non pour rêver à quelque affaire
> Mais pour varier son ennui.

Et Vergier insiste et précise : « Car vous savez, Madame, qu'il s'ennuie partout et même, ne vous en déplaise, quand il est auprès de vous. »

Et pourtant est-il personne plus aimable et que La Fontaine aime mieux que la charmante Mme d'Herwart?

Mais c'est plus fort que lui ; alors il rentre et s'enferme dans sa chambre, au milieu de ses « philosophes cuits », et si leur compagnie ne lui est pas suffisante, il attend la visite de quelque Chloris, insouciante et bonne fille, qui lui chantera au clavecin un refrain d'opéra ou de cabaret.

Pas besoin de se mettre en frais avec elle, de se montrer attentif et brillant causeur, toujours sur le qui-vive pour l'épigramme ou le madrigal : quel repos, oui, quelle volupté !

> Sous les cotillons des grisettes
> Peut loger autant de beauté
> Que sous les jupes des coquettes...
> Une grisette est un trésor...
> On en vient aisément à bout ;
> On lui dit ce qu'on veut, bien souvent rien du tout...

Nous avons déjà cité ce dernier vers; c'est

l'idée sur laquelle La Fontaine revient le plus
volontiers et avec délices :

> Dieu me garde...
> De maîtresse ayant trop d'esprit.

Décidément une Chloris, voilà qui convient le
mieux à sa paresse; et Chloris, de son côté, trouve
ce monsieur de La Fontaine tout à fait agréable,
un peu « drôle » évidemment, avec cette manie
d'avoir dans sa chambre tous ces bonshommes en
terre cuite, qui ont des mines si renfrognées pour
la plupart et pas beaux du tout, — mais lui, il est
gentil et poli : « toujours plein de respect pour les
femmes, donnant de grandes louanges à celles qui
avaient de la raison, et ne témoignant jamais de
mépris à celles qui en manquaient »...

Il est gentil et poli, mais il n'a pas beaucoup
d'argent — et dame...

> Las! Ce n'est plus le siècle de nos pères!
> Amour vend tout, et nymphes et bergères;
> Il met le taux à maint objet charmant;
> C'était un dieu : ce n'est plus qu'un marchand.

On ne manquera pas de noter que cette constatation amère, c'est dans le conte des *Quiproquos* que La Fontaine l'intercale, ce conte des *Quiproquos* réclamé par Mme Ulric, et nous avons vu que Mme Ulric était bien connue pour ne donner rien pour rien... Mais encore, avec La Fontaine, se contentait-elle d'un conte : les Chloris étaient plus exigeantes, ou du moins exigeaient-elles d'être payées en monnaie plus courante sur le marché que manuscrits et autographes de poète.

C'est alors que nous aurons le spectacle assez douloureux du vieux poète tendant la main au duc de Vendôme, l'égayant, pour se le rendre favorable, de quelques pitreries comme le récit d'une « orgie au Temple » en compagnie de son frère le grand-prieur, l'amant de Fanchon Moreau, fille d'opéra, et autres Chloris :

> Nous faisons au Temple merveilles.
> L'autre jour on but vingt bouteilles...
> La nuit étant sur son déclin
> Lorsque j'eus vidé mainte coupe,
> Langeamet, aussi de la troupe,

> Me ramena dans mon manoir.
> Je lui donnai non le bonsoir
> Mais le bon jour; la jeune Aurore
> En quittant le rivage Maure
> Nous avait à table trouvés,
> Nos verres nets et bien lavés,
> Mais nos yeux étant un peu troubles,
> Sans pourtant voir les objets doubles.

Tout cela pour aboutir à une demande d'augmentation de la pension que lui faisait le duc, et que lui versait de sa part l'abbé de Chaulieu; d'ailleurs l'abbé a promis :

> Il veut accroître ma chevance.
> Sur cet espoir, j'ai par avance
> Quelques louis au vent jetés
> Dont je rends grâce à vos bontés...

Et La Fontaine annonce à quoi il compte employer le reste de l'argent attendu : il achètera quelques nouveaux bustes de terre cuite, — c'était décidément une manie ; — et il ajoute « et cætera » — *et cætera :*

> Ce mot-ci s'interprétera
> Des Jeannetons, car les Clymènes
> Aux vieilles gens sont inhumaines...

La lettre en question est de septembre 1689;
le Bonhomme a soixante-huit ans quand il se
montre si préoccupé des Jeannetons, — et quelles
Jeannetons, ou quelles Chloris !... Une lettre à
Saint-Evremond nous avait déjà renseignés :

> ... Que la nymphe et la bergère
> N'occupent notre esprit et nos yeux qu'en passant.
> Le chemin du cœur est glissant :
> Sage Saint-Evremond, le mieux est de m'en taire,
> Et surtout n'être plus chroniqueur de Cythère,
> Logeant dans mes vers les Chloris,
> Quand on les chasse de Paris,
> On va faire embarquer ces belles :
> Elles s'en vont peupler l'Amérique d'Amours...

Nous voilà donc pleinement édifiés sur la qualité des jeunes personnes, — Chloris et Jeannetons, — qui fréquentaient la « chambre des philosophes » de la rue Saint-Honoré : des clientes du
lieutenant de police, dont une rafle, de temps à
autre, débarrassait Paris pour les expédier dans
les Indes occidentales, voire à Madagascar. On
comprend, devant ces conquêtes de La Fontaine,
la mine dégoûtée de Ninon de Lenclos, et qu'à

côté d'elles une Mme Ulric, que l'on n'envoyait tout de même pas à Madagascar mais seulement aux Madelonnettes, faisait presque figure de grande dame, d'authentique femme du monde...

Dès lors, saurait-il être question de vie amoureuse pour qui la mène avec Jeanneton ou avec Chloris ? Il n'est de véritable vie amoureuse sans peines et tourments d'amour : et l'on ne souffre pas pour Chloris, on ne fait pas souffrir Jeanneton. Ainsi semble-t-il bien que La Fontaine ait beau parler d'amour jusqu'à soixante-dix ans passés, il n'a jamais été un amant.

Il n'a jamais été un amant parce qu'il n'a jamais été malheureux ou cruel, sauf peut-être avec sa femme et qui ne l'aimait guère. Il n'a jamais été un amant et les vrais amants ne s'y trompent point : l'œuvre de La Fontaine n'est pas de celles qui attirent et retiennent les cœurs passionnés, ce n'est pas sur des lèvres frémissantes que fleurissent les vers de La Fontaine.

Non, La Fontaine n'a pas été un amant, mais

un ami. Un ami délicieux, certes : ami de Mme de La Sablière, — l'amant c'est La Fare; ami de La Champmeslé, — l'amant c'est Racine et quelques autres à la suite ; ami de Mme Ulric, — l'amant, entre autres, c'est Sablé; ami de Mme d'Herwart, — l'amant de Mme d'Herwart, c'est M. d'Herwart, son mari...

La Fontaine apparaît donc le poète non de l'amour, mais de l'amitié, et le débat n'est pas nouveau qui montre qu'avec les femmes, en dépit qu'elles en aient ou que même elles veuillent prétendre, l'amitié et l'amour sont inconciliables, que, de l'amitié, on glisse infailliblement à l'amour, et que si une femme vous refuse son amour, il est bien difficile de lui conserver son amitié.

La Fontaine, cependant, arrive à concilier les choses, et c'est sans doute le secret de sa bonhomie un peu cynique et de son parfait équilibre : il se contente de l'amitié de Clymène, mais tout en prenant son plaisir avec Chloris.

Resterait à savoir si le bonheur est au bout de

cette organisation ingénieuse, et d'un pareil sys-
tème de discrimination. Hélas ! il n'y paraît
guère...

Au bout, c'est le terrible billet à Maucroix,
du 10 février 1695, — la mort de La Fontaine
est du 13 avril, — à Maucroix, son bon, son
ancien, son véritable ami Maucroix :

« Tu te trompes assurément, mon cher ami,
s'il est bien vrai, comme M. de Soissons me l'a
dit, que tu me croies plus malade d'esprit que de
corps. Il me l'a dit pour tâcher de m'inspirer du
courage ; mais ce n'est pas de quoi je manque...
O mon cher ! mourir n'est rien ; mais songes-tu
que je vais comparaître devant Dieu ? Tu sais
comme j'ai vécu. Avant que tu reçoives ce billet,
les portes de l'éternité seront peut-être ouvertes
pour moi... »

Tu sais comme j'ai vécu... — et pourtant le
Bonhomme a conscience, et peut avoir conscience,
de n'avoir jamais fait de mal ou de tort à personne,
qu'à lui-même. Mais autour de lui tourne la ronde

des Chloris et des Jeannetons, et qui, d'un geste
hardi, écartent les Clymènes :

> Volupté ! Volupté, qui fus jadis maîtresse
> Du plus bel esprit de la Grèce,
> Ne me dédaigne pas, viens-t'en loger chez moi...

La Volupté a répondu à son appel, elle a logé,
en effet, dans la « chambre des philosophes »,
— et maintenant quel goût de cendre !...

On a dit, avec raison, que l'œuvre de La Fontaine était inimitable; mais, dans la conduite de sa
vie, chercher à l'imiter serait sans doute aussi
imprudent...

FIN

TABLE DES MATIÈRES

E. GREVIN — IMPRIMERIE DE LAGNY — 4-1928.

LA VIE AMOUREUSE DE JEAN DE LA FONTAINE

www.ingramcontent.com/pod-product-compliance
Ingram Content Group UK Ltd.
Pitfield, Milton Keynes, MK11 3LW, UK
UKHW020246180726
13839UKWH00001B/202